Cómo Dejar de Pensar Demasiado

27 Formas Comprobadas de Reconfigurar tu Cerebro Ansioso, Calmar tus Pensamientos, Dejar de Preocuparte y Ser Feliz

Layla Moon

PUBLICADO POR: Layla Moon

Tabla de Contenidos

4 Libros GRATIS

Para ayudarte en tu viaje espiritual, he creado 4 eBooks gratuitos.

Puedes obtener acceso instantáneo e ellos suscribiéndote a mi boletín de noticias a través del correo electrónico que te daré a continuación.

Además de los 4 libros gratuitos, también recibirás consejos semanales junto con regalos de libros, descuentos y mucho más.

Todas estas bonificaciones son 100% gratuitas y sin compromiso. No necesitas proporcionar ninguna información personal excepto tu dirección de correo electrónico.

Para obtener tu bono, ve a:

https://dreamlifepress.com/four-free-gifts

O escanea el siguiente código QR

Guías Espirituales Para Principiantes: Cómo Escuchar la Llamada del Universo y Comunicarte con tus Guías Espirituales y Ángeles Guardianes

Con la guía de la propia Moon, inspirada en sus propias experiencias y en los conocimientos que han sido transmitidos por cientos de generaciones durante miles de años, descubrirás todo lo que necesitas saber para:

- Entender qué es la llamada del universo

- Cómo escucharla y comprenderla

- Saber quiénes y qué son tus guías espirituales y ángeles de la guarda

- Aprender a conectar, iniciar una conversación y escuchar a tus guías

- Cómo manifestar tus sueños con la ayuda de la fuente cósmica

- Aprender cómo empezar a vivir la vida que quieres vivir

- Y mucho más...

La Ley de la Atracción: Manifiesta tu Deseo

Aprende a aprovechar el poder infinito del universo y a manifestar todo lo que quieres en la vida.

Incluye:

- La Ley de la Atracción: Manifiesta tu deseo ebook

- Libro de trabajo de la Ley de la Atracción

- Hojas de trucos y listas de control para asegurarte de que estás en el camino correcto

Libro De Hechizos Hoodoo Para Principiantes: Hechizos Fáciles Y Eficaces De Enraizamiento, Conjuro Y Protección Para La Curación Y La Prosperidad

Aprovecha el poder de una de las más grandes magias. El Hoodoo es una fuerza poderosa ideal para alejar la negatividad, promover la positividad en todas las áreas de tu vida, ofrecer protección a todo lo que amas y, en definitiva, tomar el control de tu destino.

En su interior, descubrirás:

- Cómo empezar a utilizar el Hoodoo en tu día a día
- Cómo utilizar los conjuros para manifestar la vida que quieres vivir
- Cómo los hechizos de protección pueden ayudarte a soportar los momentos más difíciles
- Cómo romper con los ciclos de mala suerte y promover la buena fortuna a lo largo de tu vida
- Hoodoo para fomentar la prosperidad y la estabilidad financiera
- Cómo curar traumas y problemas usando la magia Hoodoo, tanto a corto como a largo plazo
- Eliminar maldiciones y desterrar el dolor, el sufrimiento y la negatividad de tu vida
- Y mucho más...

El Libro De Las Sombras

Un PDF imprimible para apoyarte en tu transformación espiritual.

Dentro de sus páginas encontrarás:

- Una Hoja de seguimiento de pociones y tinturas

- Un registro de aceites esenciales

- Registro de hierbas

- Lista de control de rituales mágicos y objetivos corporales espirituales

- Hojas de lectura del Tarot

- Seguimiento semanal de la luna y los ciclos planetarios

- Y mucho más

Consigue todos los recursos GRATIS visitando el siguiente enlace

https://dreamlifepress.com/four-free-gifts

Introducción

Una vez conocí a un tipo que mató a alguien, pero no en la forma en que estás pensando.

En 2014, mi amigo David estaba yendo al aeropuerto para encontrarse con otra amiga, Sarah, que regresaba a los Estados Unidos después de pasar un año estudiando en Europa. La recogió y la dejó en la casa de sus padres alrededor de las dos de la mañana. Luego tomó la autopista a casa. Mientras navegaba por la carretera vacía, su vida cambió en un instante.

Sin previo aviso, un hombre encapuchado corrió frente a su auto. Por supuesto, siendo alrededor de las 3 a.m. y completamente oscuro excepto por los faros del automóvil, no hubo tiempo para reaccionar. El auto se estrelló contra el hombre, y David maldijo más fuerte que nunca en su vida. Se hizo a un lado, encendió las luces de emergencia e instantáneamente tomó su teléfono para llamar a la policía. Llegaron en minutos.

Después de pasar horas y horas en alerta máxima esperando que la policía realizara su investigación, incluida la toma de declaraciones y la administración de pruebas de alcohol y drogas (sus pruebas finalmente salieron limpias), el hombre que David golpeó fue declarado muerto en la escena. Después de cuatro horas, la autopista se despejó y la policía llevó a David a casa. A las siete de la mañana, David entró en su casa con dos policías a cuestas. Su novia preocupada bajó las escaleras para saludarlo, ya que había llegado increíblemente tarde y no había respondido llamadas. Al ver a los oficiales, su pánico se intensificó.

Conmocionado, David se sentó y permitió que los oficiales informaran a su novia lo que había sucedido y detallaran el siguiente curso de acción. Cansada, conmocionada y aterrorizada, la novia de David se desmayó y se derrumbó sobre el suelo de baldosas sin previo aviso. Se golpeó la cabeza con fuerza y, mientras sangraba por la herida, uno de los oficiales llamó a una ambulancia.

David pasó otras seis horas en la sala de emergencias mientras los médicos le hacían pruebas a su novia antes de concluir que básicamente había tenido un ataque de pánico masivo. Los acontecimientos de la noche habían sido abrumadores para ella. Cuando finalmente regresaron a casa, David durmió durante dos días antes de experimentar su primer ataque de pánico en el momento en que se despertó, un sentimiento que lo convenció, hasta el día de hoy, de que prefería morir.

La investigación se cerró unos meses después y David no enfrentó cargos. Los investigadores descubrieron que el tipo que había corrido hacia la carretera estaba severamente deprimido y era adicto a las drogas y el alcohol. Los mensajes de texto y las llamadas telefónicas de esa noche revelaron que su novia había terminado con él y, aunque es posible que no quisiera morir, su contenido de alcohol en la sangre superaba el límite legal.

David se sintió bien por un tiempo, diciéndonos que había tenido muchas epifanías de esa noche. Por primera vez, vio que la vida era preciosa y que cualquier cosa podía pasar cuando menos lo esperabas. Estaba agradecido por sus instintos; por controlar el automóvil y detenerse con seguridad a un lado de la carretera. Si hubiera entrado en pánico o perdido el control, fácilmente podría haber perdido la vida esa noche. Estaba agradecido de haber sobrevivido, pero destrozado porque los seres queridos del hombre habían perdido a un hermano, un hijo y un amigo.

Sin embargo, tres años después, David se hundió en una profunda depresión. Poco a poco, comenzó a pasar menos tiempo con su familia y amigos. Rompió con su novia poco después de que ella se mudara, y David rápidamente se encontró en una relación tóxica y controladora. Perdió peso drásticamente, dejó de ir al gimnasio y con frecuencia se sentaba en el parque local bajo la lluvia mirando a lo lejos, aparentemente desconectado del mundo que lo rodeaba.

A veces me sentaba con él en estos bancos y hablábamos de programas de televisión o de las noticias. Le decía lo que estaban haciendo nuestros amigos o simplemente hablaba de una película que había visto. Rara vez hablaba. La mayoría de las veces miraba al suelo cuando estaba con él. Una vez, sin embargo, algo cambió. Se volvió hacia mí, agarró mi chaqueta mientras llovía a cántaros y me miró fijamente a los ojos. Sus palabras me helaron.

"Tengo mucho miedo, Layla. Tengo miedo de hacer algo. Tengo miedo de lastimarme. No quiero morir, pero hay una parte de mí que quiere hacerlo. Cada vez es más fuerte".

No respondí. Lo atraje a mis brazos y lo sostuve fuerte. Se echó a llorar. Lloramos juntos. David me dice que esa conversación fue un punto de inflexión en su vida. Se volvió proactivo. Comenzó a desarrollar nuevos hábitos, vio a un terapeuta profesional y poco a poco salió de esa situación. No se puede negar que ha llegado lejos y felizmente puedo decir que sus pensamientos suicidas se detuvieron. Está empezando a disfrutar de su vida de nuevo como un individuo feliz y saludable.

Ese día también fue un punto de inflexión en mi vida. Ya en lo más profundo de mi viaje de desarrollo personal, comencé a darme cuenta de que hay un poder poderoso y abrumador en nuestras vidas, pero la mayoría de las veces no somos conscientes de su presencia. Creo que muchos de nosotros estamos tan acostumbrados a que este poder esté presente e implacable que no sabemos cómo es vivir sin él.

Por supuesto, estoy hablando de la voz en nuestras cabezas.

El de David fue un caso extremo. Habiendo pasado por una experiencia tan traumática e impactante, la voz en su cabeza era más fuerte que nunca, básicamente gritaba y gritaba tan fuerte que no podía escuchar nada más. Se convirtió en algo que lo consumía todo, y el por qué se sentía tan perdido y deprimido.

Sin embargo, esta voz existe en todos nosotros. La voz que te dice que no puedes hacer algo, entonces no lo haces. La voz que te dice que no le gustas a una persona, dijiste algo incorrecto, cometiste un error y ahora todos te odian. La voz que declara que estás solo, sin valor, estresado, arruinado, estúpido, no lo suficientemente bueno, demasiado gordo o demasiado delgado, feo, o no lo suficientemente exitoso.

La voz que sigue y sigue y nunca se calla. Y cuando la escuchas, estás devastado. Cuando no lo haces, aún sabes, en el fondo, que está ahí en las sombras, y estás esperando que regrese. Lo sientes.

El pensamiento excesivo está desenfrenado en nuestra sociedad moderna. Es una pandemia que ha estado creciendo durante décadas, volviéndose cada vez más común, creando más impacto que nunca. Las tasas de ansiedad y depresión son más altas que nunca. Las tasas de suicidio siguen creciendo año tras año (es la segunda causa principal de muerte entre las personas de 10 a 34 años), y más personas están de acuerdo en que no están contentas con la vida que llevan.

Un estudio de 2016 encontró que solo el 31% de los estadounidenses dicen que son felices. Comparativamente, 1 de cada 5 adultos estadounidenses experimentará un problema de salud mental cada año, 1 de cada 20 de esos serios, y con el 50% de todas las enfermedades mentales de por vida comenzando a la edad de 14 años (75% a la edad de 24), esto es algo que necesita ser abordado. La voz en nuestras cabezas nos bombardea todos los días desde el momento en que nos despertamos hasta el momento en que nos quedamos dormidos, y a veces nos mantiene despiertos.

No estoy hablando de pensar demasiado como un problema de salud mental. ¿Alguna vez has querido escribir un libro? ¿Iniciar un negocio? ¿Tener los amigos que quieres? ¿Seguir tu sueño? ¿Tener relaciones sanas y felices? ¿Vivir la vida que quieres vivir? Lo más probable es que ya sepas cómo la voz en tu cabeza te hace infeliz. Es la razón por la que te atrajo este libro. Conoces tus razones, y ahora es el momento de actuar.

Antes de continuar, quiero que escribas tu razón para elegir este libro. Sea lo que sea, escríbelo en un papel ahora mismo y mantenlo a tu lado. Independientemente de los sentimientos de ansiedad o el exceso de pensamientos que tengas y cómo te impiden ser quien quieres ser, escríbelo.

Quizás te preguntes por qué te conté la historia de David. Es una historia oscura, pero es una con una luz al final del túnel. David estaba en un lugar oscuro, y estoy seguro de que conoces o has oído hablar de alguien en una posición similar. Las personas como David, como yo, y todos los que emprenden este viaje, son la prueba viviente de que no necesitas vivir en un mundo donde la voz en tu cabeza tiene el control.

Hay soluciones. Hay remedios. Hay formas en que puedes recuperar el control de tu vida y mantenerte bajo control. ¿Y adivina qué? Hay formas y cosas que puedes hacer que te ayudarán a alcanzar la felicidad genuina en tu vida. Esto es lo que cubriremos en este libro: veintisiete maneras de dejar de pensar demasiado, de calmar la voz y los pensamientos implacables, de dejar de preocuparse por las cosas y de sentirse tan estresado.

Veintisiete formas de mantener la calma, encontrar la paz y ser feliz.

Entonces, toma ese pedazo de papel que escribiste de la forma en que tu voz interna te está reteniendo, rómpelo en pedazos pequeños y tíralo a la basura. Hoy es el día en que comienza el cambio y comienza tu viaje.

Estoy lista cuando tú lo estés.

Cómo Usar Este Libro

Si bien no hay una forma correcta o incorrecta de usar y aprender de este libro, quiero tomarme un tiempo para recordarte que este libro no necesita leerse linealmente. Para mantener las cosas fáciles, he dividido el libro en cinco capítulos sencillos que cubren lo siguiente:

El Capítulo Uno trata sobre la comprensión del problema. Se trata de descubrir por qué piensas demasiado y cómo llegaste a donde estás hoy. Una vez que entendemos el problema, podemos averiguar cómo solucionarlo y cómo mejorar las cosas.

El Capítulo Dos trata sobre cómo lidiar con el estrés. Cuando la voz en nuestra cabeza se hace escuchar, surge la ansiedad, o si una situación no va bien, el estrés aparece, y si no sabes cómo manejarlo, tomará el control. Te mostraré cómo evitar que eso suceda.

El Capítulo Tres trata sobre cómo lidiar con la ansiedad. Me gusta pensar en la ansiedad como estrés a largo plazo. Técnicamente, son diferentes (hablaremos de esto más adelante), pero creo que el estrés es un estado mental del momento, mientras que la ansiedad es la forma en que la vida y tus propios pensamientos te afectan a largo plazo. Se necesitan diferentes estrategias para hacer frente a esta forma de vida.

El Capítulo Cuatro se sumerge en las formas en que puedes lidiar con el pensamiento excesivo en el momento, ya sea que hayas comenzado a pensar en algo o que estés lidiando con tus patrones de pensamiento habituales y tu diálogo interno. La forma en que te hablas a ti mismo lo es todo en este mundo, y este capítulo trata sobre tomar el control de lo incontrolable. Se trata de realmente comprenderte.

Finalmente, pasamos al Capítulo Cinco, que es donde cambiamos de rumbo, alejándonos de lidiar con los problemas y en su lugar disfrutando de las alegrías de las soluciones. El Capítulo Cinco trata sobre volver a configurar tu cerebro para ser feliz y aprender las técnicas y métodos que te ayudarán a abrir genuinamente las puertas para vivir la vida que deseas.

Los métodos detallados en los siguientes capítulos se basan en la psicología y la ciencia, y vincularé estudios y referencias a lo largo del camino. Básicamente, estas son estrategias que han demostrado que funcionan y dan resultados. Solo necesitas construir los hábitos e implementarlos.

Cuando digo esto me refiero a elegir lo que funciona para ti. Si bien hay métodos en estas páginas que no resonarán en ti y es posible que no creas que funcionarán, muchos otros métodos cambiarán tu vida. Lee este libro como quieras. Si ves un método aquí que te llama la atención y deseas obtener más información, ve a ese capítulo y descúbrelo.

Sin embargo, recomiendo encarecidamente leer el libro de una vez por todas primero, recopilar toda la información que puedas sobre cada método y luego decidir cómo deseas proceder. Es posible que te sorprendas gratamente con algunos métodos y que encuentres una solución que nunca pensaste. Sin embargo, lo más importante que debes recordar es que estás aquí para descubrir qué funciona mejor para ti como individuo, y sólo tú puedes hacerlo.

Este libro existe para brindarte opciones y conocimientos para ayudarte a tomar la mejor decisión para ti. Creo que es suficiente hablar por ahora. Comencemos este viaje.

Capítulo Uno

Encontrar tus Cimientos

Antes, cuando mi pensamiento excesivo y el estado de mi salud mental estaban en su peor momento, me sentí atrapada y perdida, creyendo que estos sentimientos iban a durar para siempre. Al menos, eso es lo que me decía la voz. Cuando no te sientes bien, ya sea que te sientas levemente ansioso, con un poco de pánico o francamente deprimido, es un fenómeno extraño que nos hace creer que así nos sentiremos el resto de nuestra vida.

Los sentimientos negativos tienden a consumirlo todo, lo que significa que parece que no puedes ver más allá de ellos. El pensamiento racional parece desaparecer, y cuanto más piensas y te metes en la madriguera del conejo, más difícil parece salir de ella. Se habla mucho de que "está bien no estar bien", y si bien eso es cierto, y todos seguramente se encontrarán en lugares oscuros de vez en cuando, es importante recordar que "no está bien no estar bien" para siempre. , y esto nunca será el caso.

El enfoque principal de este libro está en el concepto de pensar demasiado. Esta puede ser una condición independiente, en la que si te sientes estresado o estás pasando por algo, piensas demasiado. Puede suceder simplemente, a veces al azar, y pueden pasar minutos u horas, y de repente te das cuenta de que tu mente ha estado corriendo a un millón de pensamientos por minuto, lo que te impide ser feliz en el momento.

Pensar demasiado también es un síntoma de condiciones de salud mental como la ansiedad y la depresión. Es importante reiterar que este libro no te ayudará a superar estas condiciones. Las condiciones psicológicas pueden variar dramáticamente en su naturaleza e impacto, a veces según las circunstancias de la vida y, a veces, como una condición biológica que requiere ayuda y tratamiento médico. Pensar demasiado es una parte grave de eso, por lo que, si bien deberás abordar esos problemas por separado, espero que este libro pueda ayudarte en tu camino hacia la recuperación y avanzar hacia una vida mejor, más feliz y más pacífica. —una vida que todos realmente merecemos.

Todo comienza con descubrir dónde te encuentras en tu propio viaje personal y trabajar desde allí. "¿Averiguar dónde estás y qué te pasa?" Recuerdo cuando me dijeron lo mismo, y no podía pensar en nada peor que sumergirme en mis propios problemas y situación de vida. ¿Alguien realmente quiere mirarse en ese espejo? Probablemente no.

Sin embargo, es el primer y más importante paso en cada viaje. Es el proceso de posicionarse en tu mapa para que puedas trazar tu ruta. Y, por supuesto, nadie puede decirte dónde estás porque tu situación de vida es tuya y nadie más te conoce como tú. Dicho esto, este capítulo te ayudará a saber dónde estás parado. Entonces, vamos a sumergirnos en eso.

¿Por Qué Pensamos Demasiado?

Hay múltiples razones por las que piensas demasiado. La más común es creer que algo anda mal contigo. Escúchame, solo porque lo pienses demasiado no significa que haya algo malo contigo. Pensar demasiado suele ser un síntoma creado a partir de la acumulación a largo plazo de las cosas que suceden en tu vida que te han llevado a donde te encuentras mentalmente en este momento. Lo más probable es que no hayas pensado demasiado toda tu vida, pero es más bien un proceso que gradualmente se ha vuelto más y más prominente en ti.

Piénsalo de esta manera. Imaginemos que estabas en una relación con alguien durante tus años de escuela o universidad. Realmente te gustaba esta persona, e incluso podrías llegar a decir que fue tu primer amor o tu novia de la infancia. Todo fue increíble, y estabas feliz. Sin embargo, descubriste que tu pareja te engañó, rompiste y nunca más volviste a hablar.

Durante tu período de duelo, en el que estás de luto por la pérdida de tu relación, piensas en lo que hiciste mal. ¿Cómo podrías haber sido mejor? ¿Qué podrías haber hecho diferente para evitar que se fueran con otra persona? ¿Los alejaste? Seamos realistas, los adolescentes y los adultos jóvenes nunca son buenos en la comunicación, ya que esta es la etapa en la que todavía estamos aprendiendo cómo hacerlo correctamente, y es probable que nunca obtengas respuesta.

El tiempo pasa y sigues adelante. Terminas en otra relación y eres feliz. Sin embargo, debido a tus experiencias pasadas, empiezas a pensar en qué podrías hacer diferente y cómo puedes hacer que la otra persona sea más feliz porque no quieres que te engañe. Comienzas a sentirte ansioso cuando salen y ven a otras personas porque tienes miedo de que te engañen. Te imaginas lo que está haciendo la otra persona y otras fantasías espantosas. Te preparas para escuchar la noticia de que te están engañando, como si eso fuera a suavizar el golpe cuando suceda.

Dado que no eres tu yo genuino, sino que estás actuando sobre las emociones que surgen de tu incesante pensamiento excesivo, la relación se rompe. Debido a esto, tu pensamiento excesivo se acelera. ¿Qué hiciste mal? ¿Qué podrías hacer mejor? ¿Eres tú? ¿Eran ellos? ¿Alguna vez encontrarás la felicidad? Por lo tanto, el pensamiento excesivo se vuelve peor.

Este proceso crece continuamente a lo largo de tu vida, en todas las áreas de tu vida, hasta que se solucionan los problemas. Pero no podrás abordar los problemas si no puedes lidiar con el pensamiento excesivo en primer lugar, que es precisamente de lo que trata este libro y tiene como objetivo enseñarte cómo hacerlo.

Otro ejemplo rápido: si estás trabajando en un trabajo que odias, pero te despiden o renuncias, y terminas pasando por experiencias similares con múltiples trabajos, entonces comienzas a pensar demasiado cuando se trata de trabajar y administrar tu carrera. Esto provoca un grado de pensamiento excesivo, que normalmente causará más problemas y, por lo tanto, más pensamiento excesivo. Es un ciclo continuo.

Así que sí, al preguntar qué ha causado tu pensamiento excesivo, podría provenir de ti, no de ti como persona, sino de la serie de eventos y experiencias de los que has sido parte a lo largo de tu vida. Al aprender los métodos a lo largo de este libro, deberías poder romper el ciclo de pensar demasiado para poder abordar los problemas en tu núcleo.

Algunos otros problemas que puedes estar experimentando en tu vida que pueden llevar a pensar demasiado incluyen:

- Baja autoestima

- No creer en ti mismo o no confiar en tus instintos

- Eres protector de ti mismo y de los demás

- Perfeccionismo

- Patrones de pensamiento habituales

Hay otros factores externos que desencadenan el pensamiento excesivo. El mejor y más reciente ejemplo es la pandemia de COVID-19. Por supuesto, un evento mundial que recibió una inmensa cobertura en Internet y en las noticias, generalmente las 24 horas del día. Con tanta información sobre la muerte y la destrucción que está causando, ¿cómo no pensar demasiado en la pandemia?

Tal evento causa pánico y ansiedad a gran escala. Personalmente, no estaba realmente preocupada por la pandemia. Conocí a personas que lo contrajeron y estaban enfermas, y también conocí a varias personas que murieron a causa de él. Tiendo a creer que cuando es hora de irse, es hora, y si bien es una tragedia que una situación tan horrible sea nuestra realidad, trato de hacer las paces con ella tanto como sea posible.

Sin embargo, cuando estás en la cama por la noche y tienes una tos leve, sientes que deberías poder oler algo pero no puedes, o simplemente te sientes un poco mal, por supuesto, después de tantas noticias y la cobertura de los medios, vas a pensar: Oh, Dios mío, me he contagiado, y ahora voy a estar enfermo, y hasta podría morir. Si dejas que estos pensamientos continúen sin control, caerás en un serio agujero de conejo.

Con esto, es fácil ver que los factores externos pueden desempeñar un papel muy importante cuando se trata de la razón por la que piensas demasiado.

Cómo Nuestros Cerebros Están Diseñados para Pensar Demasiado

Así es. A veces, no hay nada malo en ti, no hay situaciones en la vida y no hay problemas externos que puedan hacer que pienses demasiado. En verdad, nuestros cerebros están programados por nuestra naturaleza humana para pensar demasiado. No de la manera implacable que algunos de nosotros hacemos, pero sin duda hay un elemento de pensamiento que está integrado en nosotros para los instintos de supervivencia.

Así es simplemente como funciona. Tu mente no es quien eres. Esto puede ser fácilmente comprensible, o puedes pasar por alto, pero escúchame. No eres tus pensamientos. Tu cerebro es una parte de ti tanto como tu brazo o pierna. Tu cerebro es una herramienta. Está destinado a resolver problemas, al igual que tu mano es una herramienta para recoger cosas y tocarlas. Al igual que tus ojos te ayudan a ver el mundo.

Tu cerebro es una herramienta que te ayuda a resolver problemas y a superarlos con el objetivo principal de mantenerte con vida. Cuando tienes hambre, libera hormonas que te dan ganas de comer. Cuando comes, te recompensa con dopamina para que te sientas bien por satisfacer una necesidad, manteniendo así tu cuerpo en excelente estado de funcionamiento.

En los días de los hombres de las cavernas y sobreviviendo en condiciones desafiantes, nuestro cerebro humano se destacaba porque podía resolver problemas que nos mantenían con vida incluso en los entornos y situaciones más difíciles. Todavía tenemos el mismo cerebro que funciona de la misma manera. Es un sistema informático de pensamiento avanzado que tiene como objetivo mantenernos con vida. Ten en cuenta que esto no significa que nuestra mente existe para hacernos felices. Literalmente tiene como objetivo mantenernos vivos sin ninguna consideración por nuestras emociones.

Sin embargo, vivimos en un mundo muy diferente al que vivían nuestros antepasados hace cientos de años. Si bien el mundo no es perfecto, la mayoría de nosotros tenemos cubiertas nuestras necesidades básicas y vivimos con relativa comodidad. Esto significa que nuestra capacidad intelectual se gasta en otras cosas, como preocuparnos si somos aceptables según la cantidad de "me gusta" que tenemos en las redes sociales, si nuestro equipo de fútbol está ganando, si dormimos lo suficiente, si estamos demasiado gordos o demasiado delgados, usar la ropa adecuada, tener suficiente dinero, aprovechar al máximo nuestras vidas antes de morir, o vivir el momento, etc.

Hay tantos estímulos en nuestra vida cotidiana, muchos más de los que había hace miles de años, que nuestro cerebro ahora está pensando en todos ellos. Entender que esto te está pasando es el primer paso para darte cuenta de lo que te está haciendo pensar demasiado. Luego puedes usar los métodos descritos en este libro para reducir tus hábitos de pensar demasiado, colocándote en una posición para recuperar el control de tu vida, ya sea que eso signifique ser más consciente de los factores desencadenantes que te hacen pensar demasiado, limitar tus estímulos o simplemente averiguar qué en la vida es importante para ti, y básicamente reducir tu vida a lo que es esencial para ti.

Un ejemplo evidente de que esto sucede en mi propia vida es mi relación con la escritura. Este fue especialmente el caso cuando estaba comenzando e intentando escribir mis primeros libros. Tenía una mentalidad perfeccionista en la que necesitaba redactar cada oración y llevar cada palabra elegida a los tribunales para decidir si era lo suficientemente buena o no. Me obsesionaba con si la gente obtendría valor de lo que escribía, si estaba perdiendo el tiempo o cómo tomaría las críticas que inevitablemente vendrían de mis lectores.

Sin embargo, mi exceso de pensamiento llegó a ser tanto que terminó deteniéndome porque estaba muy concentrada en todo menos en lo que era necesario, en este caso, escribir. Ahora, puedes estar pensando que preocuparse por escribir un libro y tratar de lidiar con cómo es recibido podría ser un gran problema. Después de todo, nadie quiere escribir un libro y ser odiado por ello.

El punto es que estas preocupaciones son causadas, creadas y sostenidas por la misma programación biológica en nuestras mentes que teníamos hace miles de años cuando se trataba de sobrevivir. Básicamente, vemos situaciones cotidianas en nuestras propias vidas y nuestra mente las trata como situaciones de vida o muerte. Un ataque de pánico es el sistema de lucha o huida del cuerpo que se activa. Mientras que solía activarse cuando nos enfrentamos a un oso o un tigre dientes de sable, por razones obvias, ahora se activa cuando no tenemos tantos "me gusta" en Instagram como solemos recibir.

Esto puede parecerte ridículo, pero parte de la supervivencia es ser aceptado como parte de la tribu y del resto de la humanidad. En el pasado, si vivías solo en el bosque y te enfermabas, ibas a morir. Si te enfermas cuando eres parte de la tribu en donde todos se cuidan unos a otros, entonces es más probable que vivas y prosperes, ya que te cuidarán y proveerán. Esto ha creado una necesidad biológica de ser aceptado por nuestros compañeros, un instinto que está integrado en nuestro cerebro. Es por eso que todavía duele cuando recibes comentarios negativos de extraños en línea, y puede tener un costo tan negativo en tu bienestar, tu salud mental y física.

¿Qué Sucede Cuando Piensas Demasiado?

Hemos hablado mucho sobre el origen del pensamiento excesivo y es posible que te preguntes por qué esto es un problema. Después de todo, si no pensaras, no lograrías nada. No podrías tener ideas, tener relaciones personales o resolver los problemas de tu vida. Solo serías un caparazón ingenuo de una persona que vaga de una situación a otra sin que suceda mucho.

Incluso hablamos sobre cómo pensar y analizar situaciones es una parte integrada de tu instinto humano que es necesaria para tu supervivencia. ¿Cómo todo esto puede ser malo?

Bueno, tal como hablamos brevemente en la introducción, pensar en algo está bien. Pensar incesantemente en algo no lo es. Con mi escritura, pensar demasiado me estaba frenando. En una relación en la que puedes estar lidiando con problemas de confianza, pensar demasiado te impedirá conectarse completamente con tu pareja y, por lo tanto, te impedirá desarrollar una relación saludable. Todo depende mucho de la situación, pero los problemas y las consecuencias de pensar demasiado, desafortunadamente, van mucho más allá de eso.

Desde el punto de vista de la felicidad, no puedes ser feliz si estás pensando demasiado. Pensar demasiado es estar en modo de supervivencia y tratar de resolver un problema. Si quieres, recuerda que pensar demasiado es creer que hay un problema en tu vida que necesita solución. Es la idea misma de estar descontento. Quieres estar en un lugar en el que no estás actualmente, o quieres que algún detalle o situación específica en tu vida sea diferente.

Imagina que estás de vacaciones, relajándote en la playa viendo pasar el mundo. Te vuelves hacia tu pareja y se ven increíbles en la puesta de sol. ¿Estás pensando en este momento? ¿Te preocupan las deudas o tu carrera? ¿Estás estresado por algo? Por supuesto que no. Incluso si esos sentimientos de paz solo duran unos segundos. Es ese sentimiento de paz que te mantiene feliz en el momento.

Puedes encontrar momentos como este en todas las áreas de tu vida, en cualquier situación, a veces al azar y sin razón. No hace falta decir que no vas a encontrar la oportunidad de ser feliz y tranquilo si tu mente está constantemente acelerada. Este libro pretende crear más oportunidades para que ese espacio aparezca, y por lo tanto más posibilidades de ser feliz.

Finalmente, están los efectos físicos de pensar demasiado.

Si bien es cierto que pensar demasiado no es un término médico y está clasificado como una condición médica en sí misma, hay muchas investigaciones que demuestran que es un problema y pone en peligro tu salud mental y física. Por ejemplo, Ashley Carroll, psicóloga que trabaja en el Parkland Memorial Hospital, afirma:

"Cuando se vuelve destructivo para nuestra vida o realmente afecta nuestro funcionamiento diario, por ejemplo, si tienes problemas para dormir por la noche porque no puedes apagar estos pensamientos, eso está afectando tu funcionamiento diario". Ella continúa explicando cómo puede afectar a tu apetito. Puede hacer que te aísle de otras personas. Puede causar estrés y aumentar los niveles de estrés existentes al elevar físicamente los niveles de cortisol (la hormona del estrés) en tu cuerpo. Cantidades excesivas de esta hormona, durante largos períodos de tiempo, pueden provocar otros problemas de salud como:

- Aumento de peso, principalmente alrededor de la sección media y la parte superior de la espalda

- Acné y problemas en la piel

- Curación lenta después de una lesión

- Debilidad muscular

- Fatiga severa

- Irritabilidad

- Dificultad para concentrarse

- Alta presión sanguínea

- Dolor de cabeza

A su vez, la exposición prolongada y no controlada a estas condiciones puede provocar enfermedades cardiovasculares, osteoporosis, diabetes e incluso trastornos psiquiátricos. Claro, estos son problemas en casos extremos, y los problemas no son directos, pero estoy seguro de que hablo por todos cuando digo que querrás evitar los riesgos a corto y largo plazo de pensar demasiado y todo lo que acompaña a estos temas.

Para acortar una larga historia, querrás concentrarte en ordenar tu mente y abrirte a una nueva forma de vida. No niego que pensar es algo bueno, y tendrás que pensar las cosas de vez en cuando. Sin embargo, pensar en exceso, rumiar y permitir que tus pensamientos controlen tu mente y te impidan vivir en el ahora es un problema, y estoy seguro de que estos dos últimos capítulos te han traído estos problemas a la mente y te están motivando a hacer un cambio.

Creo que a estas alturas del libro, entiendes la idea. Pensar demasiado es malo. El pensamiento centrado y productivo, la paz y la felicidad son buenos. Ahora, nos sumergimos en los métodos para tratar estos problemas, y esto ocupará el resto del libro. Si estás listo para comenzar un nuevo capítulo de tu vida mientras dejas atrás los hábitos de pensar demasiado, pasa la página y da tu primer paso.

Capítulo Dos

Métodos para Manejar el Estrés

Pensar demasiado y el estrés, van de la mano. Estoy seguro de que no necesitas ningún ejemplo para saber que este es el caso. Piensa en cuándo te ha sucedido algo terrible y cómo te has sentido durante y después. Digamos que has perdido tu trabajo. Te estresas y empiezas a pensar en lo que vas a hacer, dónde vas a encontrar otro trabajo, cómo pagarás las cuentas, qué dirá tu pareja y cómo vas a pagar el alquiler. La lista sigue y sigue.

Te estresas, empiezas a pensar demasiado, te estresas más y el ciclo continúa. La primera estrategia es cómo lidiar con este estrés cuando surge. Estas son soluciones a corto plazo que pueden ayudarte a mantenerte conectado a tierra y en control de tu pensamiento. Se trata de darse cuenta de que te estás estresando, implementar una de estas técnicas y recuperar el control, todo mientras minimizas el riesgo de sentirte ansioso y pensar demasiado.

Eso no quiere decir que no pensarás. Si pierdes tu trabajo, no solo harás algunos ejercicios de respiración profunda y de repente olvidarás que sucedió. Por supuesto que no, eres humano. La idea es reducir el estrés y las emociones intensas para que puedas pensar con claridad para encontrar una solución. Se trata de pensar con un propósito en lugar de quedar atrapado en la preocupación y la ansiedad.

Si te sientes estresado, estos son los métodos que querrás tener en tu haber.

MÉTODO 1

La Técnica de Conexión a Tierra 5-4-3-2-1

La Técnica de Conexión a Tierra 5-4-3 es una de las técnicas más populares para reducir la ansiedad y la enseñan profesionales, consejeros, terapeutas y expertos en comportamiento de todo el mundo. No importa en qué situación te encuentres: si experimentas emociones intensificadas que se sienten fuera de control, este es un método que te ayudará a recuperar el enfoque, mantenerte conectado a tierra y encontrar la paz en la tormenta de estrés que de otro modo lo consumiría todo.

La estrategia es sencilla. Empiezas prestando atención a lo que sientes. ¿Estás estresado? ¿Ansioso? ¿Decepcionado? ¿Estás a punto de hacer algo estresante, como asistir a una entrevista de trabajo, hablar en público o invitar a salir a alguien? ¿Cómo te sientes? ¿Tenso? ¿Preocupado? ¿Nervioso? ¿Al borde de un ataque de pánico?

No necesitas hacer nada con estos sentimientos, pero presta atención a ellos y reconoce su existencia. Uno de los mayores problemas que tenemos en la vida es darnos cuenta de que no nos sentimos al 100% y luego huir de esos sentimientos porque debemos sentirnos bien y debemos manejar lo que estamos pasando. Descartar estos sentimientos es una de las peores cosas que puedes hacer porque invalida cómo te sientes y solo empeorará tu ansiedad. Dice que lo que estás sintiendo no está permitido y es malo, lo que lleva a enfocarte en lo que podría estar mal contigo.

Este no es el caso. Si estás invitando a salir a alguien, solicitando el trabajo de tus sueños o haciendo cualquier cosa que te importe, sin importar cuán grande o pequeño sea, te sentirás nervioso o emocionado porque es perfectamente natural.

Todo lo que necesitas hacer es tomar varias respiraciones profundas. Inhala por la nariz, llenando el pecho con la mayor cantidad de aire posible, y luego exhala muy lenta y constantemente por la boca. Repite esto varias veces y siéntate con tus sentimientos. No necesitas hacer nada más que sentarte y estar quieto. Concéntrate en tu respiración. Si tu mente comienza a divagar y te das cuenta de que estás atrapado en pensamientos aleatorios, vuelve a centrar tu atención en tu respiración. Incluso si haces esto cada pocos segundos, está bien. Es solo parte del proceso de aprendizaje.

Después de que hayas hecho el ejercicio de respiración, sigue respirando constantemente, pero continúa con el aspecto 5-4-3 de esta técnica de la siguiente manera:

Cinco. Mira a tu alrededor y mentalmente anota cinco cosas que puedas ver. Estos pueden ser cualquier cosa, desde una lámpara de techo, un ventilador, un bolígrafo en tu escritorio, un teléfono, una persona o un árbol. Solo mira a tu alrededor y nota mentalmente cinco cosas a tu alrededor.

Cuatro. Acerca un poco más tu conciencia a tu espacio personal y nombra cuatro cosas diferentes que puedes tocar. Esto podría ser algo tan simple como tu bolsillo, tu camisa o tu silla. Intenta nombrar cosas diferentes de las cosas que puedes ver.

Tres. Ahora cambia de sentido y haz una lista de tres cosas que puedas oír. Un automóvil, un pájaro o personas que tengan una conversación. Idealmente, deseas elegir cosas que están fuera de tu cuerpo y en tu entorno, pero si puedes escuchar y notar tus propios pasos, está perfectamente bien.

Dos. Ahora concéntrate en tu nariz e intenta encontrar dos cosas que puedas oler. ¿Puedes oler el café? ¿Tinta de impresora? ¿Alimento? ¿El olor de la ciudad? ¿Una persona o su fragancia? Si es necesario, da un paseo y haz una lista de lo que puedes oler.

Uno. La parte final es tomar nota de lo que puedes degustar. ¿A qué sabe el interior de tu boca? ¿Goma de mascar? ¿Café? ¿Tenías una menta? Si no puedes saborear nada, tómate un momento para comer o beber algo y presta atención a los detalles de lo que estás consumiendo.

Este método puede parecer básico, pero es una de las técnicas conductuales más poderosas del mundo. Cuando estás estresado y pensando demasiado, tu atención se internaliza. Te estás enfocando en los sentimientos tensos y la rápida sucesión de pensamientos, incapaz de prestar atención al mundo exterior. Cuando alguien se siente triste, puede terminar sentado y mirando al vacío. No tienen conciencia del mundo fuera de sus pensamientos.

En mi propia experiencia, solía tener ataques de pánico en los que tenía visión de túnel. Era como si los bordes de mi visión se volvieran negros, por lo que solo podía ver esta neblina borrosa frente a mí. Nada estaba enfocado, y no podía prestar atención a nada. Cuando vivía en casa, solía pedirles a mis padres que me contaran una historia sobre cualquier cosa solo para distraerme de la preocupación y los pensamientos acelerados, y lo hacían, pero rara vez escuchaba algo de lo que decían.

El uso de esta técnica me permitió desprenderme de esos sentimientos de la madriguera del conejo de una manera simple que no requirió mucho esfuerzo pero fue suficiente para calmar mi mente y sacarme de los ciclos de pensamiento interiorizados. Para mí, cuando llegué a Cuatro o Tres, ya estaba empezando a calmarme y a ver el mundo que me rodeaba. Cuanto más practicaba esto, más fácil se volvía.

Lo mejor es practicar esta técnica cuando no te sientas ansioso. Simplemente sigue los pasos una vez al día para integrar realmente lo que estás haciendo y para que sea más fácil saber lo que estás haciendo. También querrás asegurarte de enumerar los elementos en voz alta o en tu cabeza. Esto te ayudará a reconocer lo que estás viendo y experimentando, aumentando los beneficios que brinda el método.

Finalmente, asegúrate de mantener los ojos abiertos y, si realmente tienes dificultades, pídele ayuda a un amigo. Es posible que te resulte mucho más fácil seguir los pasos, especialmente al principio, con un amigo, y la interacción con ellos puede ayudarte. Una vez que hayas llegado al final de los pasos, tus niveles de estrés pueden ser mucho más bajos que cuando comenzaste.

Método 2

Respiración Profunda para Alejar el Estrés

La respiración profunda es una de las técnicas para reducir el estrés más sencillas pero poderosas del mundo y se ha practicado durante miles de años. Hay una razón por la que tienes una imagen en tu cabeza de alguien meditando y respirando profundamente cuando se siente estresado y necesita calmarse. Respirar a través del estrés es un conocimiento prácticamente común, sin embargo, muy pocas personas se tomarán el tiempo de aprender cómo hacerlo correctamente para disfrutar de sus beneficios.

Además, este método de reducción del estrés está respaldado por la ciencia y lo ha estado durante décadas. En un estudio de 2007 sobre técnicas de manejo del estrés para enfermeras, mientras estudiaba cómo el estrés afecta sus niveles de productividad y tasas de retención de carrera, encontró que agregar sesiones de respiración profunda de tres a cinco minutos en sus reuniones de agenda mejoró radicalmente los niveles de productividad de las enfermeras, los niveles de felicidad y bienestar.

Siguiendo con el personal médico, un estudio de dos años que siguió a académicos y estudiantes de medicina publicado en 2007 concluyó que:

"La Técnica de Meditación de Respiración Profunda se implementó con éxito cada año académico y brindó a los

estudiantes una solución prometedora para enfrentar situaciones académicas y profesionales desafiantes."

De hecho, si buscas, *estudios de respiración profunda* en la plataforma Google Scholar (una base de datos/motor de búsqueda para encontrar estudios académicos), recibirás más de 27.000 resultados. Así de poderoso y bien investigado es este proceso. Y todavía me sorprende que esto sea algo que no necesita ninguna herramienta para practicar. Simplemente deja de hacer lo que estás haciendo, tómate un descanso y respira.

¿Entonces, cómo lo haces?

La técnica más común se conoce como respiración abdominal. Puedes hacer esto en cualquier momento, incluso cuando no te sientas particularmente estresado, y descubrirás que te hace sentir muy tranquilo y muy centrado, lo que te permite pensar con mayor claridad. Mejora tu enfoque y, en general, te hace sentir más tranquilo. Aquí están los pasos:

- Siéntate con la espalda recta en la silla o acuéstate. Es importante recordar que debes estar en una posición cómoda que puedas mantener durante los próximos minutos sin tener que moverte

- Coloca tu mano derecha sobre tu estómago cerca de tu diafragma, entre tus costillas y tu estómago. Coloca tu otra mano plana sobre tu pecho.

- Toma una inhalación profunda por la nariz y expande el estómago mientras respiras. Con tu mano, siente el aire llenando tus pulmones y expandiendo tu cuerpo. Sin embargo, asegúrate de tratar de mantener tu pecho lo más plano y quieto posible.

- Una vez que tus pulmones estén llenos y sientas que no puedes tomar más aire, presiona tus labios como si estuvieras silbando y expulsa todo el aire lenta y constantemente. Trata de mantener la respiración lo más consistente posible y mantén la misma velocidad de principio a fin, tanto como puedas. Toma tu tiempo. No hay necesidad de apresurarse.

- Repite este proceso entre tres y diez veces. Recuerda no apresurar este proceso. Es fácil caer en la trampa de tratar de hacer los ejercicios de respiración lo más rápido posible, como si llegar al final te hiciera sentir mejor, más rápido. Este no es el caso. Es el proceso de respirar lentamente lo que ayudará a relajar tu mente frenética.

El Método de Respiración del Vientre anterior es, sin duda, el ejercicio de respiración más fácil que puedes practicar porque puedes practicar en cualquier momento y en cualquier lugar, y no necesitas dominar ninguna técnica especial. Simplemente respira y controla la profundidad y la velocidad de dichas respiraciones. Sin embargo, existen técnicas de respiración más avanzadas que podrían ser más efectivas para ti. Todo lo que necesitas hacer es probarlos todos para ver cuál funciona mejor para ti.

El primer método avanzado se conoce como el método 4-7-8. Es más o menos lo mismo que la respiración abdominal y se puede realizar sentado o acostado. Simplemente adopta la misma posición que la técnica de respiración abdominal, contando hasta cuatro segundos mientras inhalas. Quieres que tu respiración de principio a fin dure cuatro segundos. Puede tomar un poco de práctica hacerlo bien, pero puede ser tan efectivo una vez que lo hayas dominado, así que seguramente practica sin sentirte estresado.

Una vez que hayas inhalado, contén la respiración durante siete segundos. Solo aguanta y cuenta en tu cabeza. Cuando hayan pasado los siete segundos, exhala por la boca (la misma técnica que la respiración abdominal), pero haz que la exhalación dure ocho segundos. Repite este proceso de tres a siete veces, o hasta que te sientas satisfecho; más tranquilo. Personalmente, me siento más tranquilo después de una ronda de estas respiraciones, así que pruébalo tú mismo y entenderás lo que quiero decir.

Hay otras prácticas de respiración que también puedes probar, como desarrollar una rutina de respiración matutina o respiración de balanceo, pero solo se recomiendan una vez que hayas practicado las otras técnicas porque es fácil sentirse mareado si eres nuevo en la práctica. Solo recuerda tomarte tu tiempo y aprender a tu propio ritmo. No te apresures a ponerte de pie después de tu práctica de respiración y simplemente escucha a tu cuerpo.

Sin embargo, es importante recordar, independientemente de la práctica que estés haciendo, tomar nota de cómo te sientes después de que termine la práctica de respiración. Tómate un momento o dos para reflexionar sobre cómo te sientes en comparación con cómo te sentías cuando empezaste. ¿Te sientes más tranquilo? ¿Te sientes menos estresado? ¿Te sientes relajado y en paz? ¿Hay algún cambio en absoluto?

No importa lo que sientas, es esencial reconocer la existencia de esos sentimientos, validarlos y aceptarlos por lo que son. En mi propia experiencia, me he sentido al menos un poco más tranquila y conectada a tierra el 95 % del tiempo, y el otro 5 % del tiempo, al menos mis pensamientos se han calmado y puedo pensar con más claridad y con propósito, en lugar de simplemente tratar de quedar atrapado con mi mente acelerada.

Llegar a este punto es una gran mejora cuando se trata de superar tus tendencias de pensamiento excesivo y recuperar el control.

MÉTODO 3

Entiende las Causa de tu Estrés

En este punto, tienes dos o tres formas de lidiar con el estrés cuando estás perdido en el momento. Hay otras técnicas que puedes usar, incluidas las simples como apretar una pelota antiestrés o alejarse de la situación en la que te encuentras y dar un paseo corto para despejar la mente. Sin embargo, los métodos mencionados son aquellos que han demostrado ser capaces de ayudar a disminuir tus niveles de estrés.

Eso no quiere decir que las cosas vayan a ser perfectas. Todavía habrá momentos en los que te estresarás y te perderás en tus pensamientos. Nadie es perfecto. Habrá buenos tiempos y malos tiempos. El truco es tratar de reducir ese estrés tanto como puedas, individualmente, sin compararte con nadie más. Cuanto más practiques, mejor lo harás. Sin embargo, estas técnicas son soluciones a corto plazo para un problema a largo plazo.

Comenzarás a moverte hacia una vida positiva, pacífica y más feliz una vez que comiences a identificar tus fuentes de estrés y haz lo que puedas para eliminarlas. En todos los aspectos de la vida, siempre es mejor prevenir que curar, y si puedes evitar que suceda algo malo, en otras palabras, evitar que te estreses en primer lugar.

Sin embargo, no hay soluciones fáciles. No puedes simplemente chasquear los dedos y el estrés desaparece. A medida que pasa el tiempo y tu vida cambia, los factores de estrés van y vienen. Algunos son grandes. Algunos son pequeños. No es el factor de estrés el problema, lo que importa es cómo lo enfrentas.

Entonces, ¿por dónde empiezas? Consigue un lápiz y papel a medida que avanzas en esto, y averigüémoslo.

Primero, habrá factores de estrés que tú sabes que existen y que no necesitan explicación. Cuando tenía poco más de 20 años, era un poco tonta y pedí un préstamo que no podía pagar. Cuando no hice un pago y me impusieron un interés que hizo que los pagos fueran ridículos, me sentí increíblemente estresada. No necesitaba que nadie me dijera que mi estrés financiero era un problema serio en mi vida. Por supuesto, este no es un problema que pueda resolverse de la noche a la mañana.

Lo importante que debía recordar era que tenía un problema y necesitaba trabajar en soluciones. Esto significó reducir las suscripciones, ahorrar dinero y pagar la deuda. Tomé algunas horas extras en el trabajo y trabajé duro durante meses hasta que pude saldar mi deuda y finalmente liberarme del estrés.

Algunos ejemplos de fuentes de estrés prominentes en nuestras vidas incluyen:

- Problemas financieros

- Problemas de salud (físicos y mentales)

- Conflictos laborales

- Conflictos en las relaciones personales

- Perder seres queridos

- Perder tu trabajo

- Sufrir una lesión

- Perder algo importante

- Discutir con un amigo

Todas estas son razones válidas para sentir estrés, y sabes que estas cosas te estresan. Si te sientes estresado por cualquiera de estas cosas o cualquier cosa que esté sucediendo en tu propia vida, respira hondo y recuerda que estas situaciones y sus efectos no duran para siempre. Todo es temporal. La mayoría de estos problemas son a corto plazo (incluso si eso significa que el problema dure unos meses, eso sigue siendo temporal), y usar los métodos a corto plazo para aliviar el estrés es un buen enfoque.

Sin embargo, habrá otras situaciones en las que las fuentes de estrés no sean tan obvias, y debes ser proactivo en tu vida cuando se trata de resolverlas. Si no eres consciente de que algo te hace sentir estresado, ¿cómo vas a hacer algo al respecto?

El primer paso para encontrar el problema es buscar las señales. Incluso la simple lectura de este capítulo te ayudará enormemente cuando trates de darte cuenta de cuándo las cosas no son como deberían ser, así que abre tu mente y deja que la siguiente información ingrese.

El estrés se manifestará en tu vida de diferentes maneras, pero siempre habrá una señal. Estos pueden ser físicos o mentales. Puedes sentir:

- Dolor en alguna parte de tu cuerpo

- Dolor de cabeza

- Tensión en tus músculos

- Problemas digestivos como estreñimiento o náuseas

- Dolor menstrual excesivo

- Períodos perdidos

- Cambio en tu deseo sexual

- Aumento de la frecuencia cardíaca

- Inquietud

- Insomnio y problemas para dormir

- Otros cambios en los patrones de sueño

- Cambios en tu dieta o apetito

- Falta de motivación

- Aumento de malos hábitos o escapismo (como atracones de comida o televisión)

- Emociones aumentadas

- Falta de concentración

Si te sientes diferente de como te sientes normalmente, esto generalmente significa que algo te está molestando y necesitas concentrarte en cómo te sientes y por qué. A veces puedes estar en una situación en la que te sientas estresado. Después de una discusión, puedes sentir una oleada de adrenalina e ira, y es obvio por qué te sientes así.

Por otro lado, alguien podría irritarte de pequeñas maneras que se agraven con el paso de los días y las semanas. Es posible que no notes los pequeños fragmentos de estrés que se acumulan, pero después de algunas semanas puedes sentirte estresado y no estás seguro de por qué.

El truco es estar atento a los síntomas. Cuanto más hagas esto, más reconocerás tus propios signos individuales de estrés. Todos somos diferentes y el estrés nos afecta de diferentes maneras. Una vez que hayas notado los signos y sepas que estás estresado, es hora de averiguar por qué.

Presta atención a cuándo sientes tus síntomas de estrés y verás rápidamente qué es lo que te provoca estrés. Esto requiere un cierto grado de autoconciencia y atención plena, pero si sigues prestando más atención a tus pensamientos y a cómo te sientes a lo largo del día, puedes comenzar a identificar qué es lo que te causa estrés.

Para resumir todo esto, este método es simple y conciso. Desde el principio, escribe lo que te causa estrés. Ahora escribe cómo te sientes cuando piensas en esos temas o te estresas por ellos. Luego, piensa en otras áreas de tu vida en las que sientas los mismos síntomas de estrés y trata de averiguar por qué te sientes así.

¿Estás experimentando un conflicto? ¿Necesitas decir algo? ¿Quieres expresarte? Hace poco estuve hablando con mi amiga Nicole acerca de que sería dama de honor en la boda de su amiga. Estaba emocionada, pero algo parecía estar mal. Le pregunté al respecto y me dijo que no sabía por qué, pero que se sentía rara por ir a la boda. Me pidió consejo y le dije lo mismo que te digo a ti.

Le dije que fuera a casa y escribiera lo que siente cuando está estresada. Escribir las cosas en su vida que sabe que le causan estrés y cómo se siente. Luego le dije que prestara atención cuando tuviera los mismos sentimientos en otras áreas de su vida y que escribiera cuando se sentía así y en qué estaba pensando.

Después de una semana de probar este método, pronto se dio cuenta de que se estaba estresando por su posición en la vida. Todos sus amigos estaban recibiendo promociones, formando familias y casándose, pero ella no tenía nada de eso y sentía que se estaba quedando atrás, no tenía éxito y básicamente no estaba donde quería estar. Al darse cuenta de esto, comenzó a practicar un diario de gratitud y se sintió inspirada para emprender y hacer algo que siempre soñó hacer, que fue abrir una galería de arte, que realizó su primera exposición la semana pasada.

No todos los aspectos del estrés pueden eliminarse, ni mucho menos. No puedes lidiar con todo o resolverlo todo, ni puedes tener una vida en la que nunca vuelvas a sentir estrés. Lo que puedes hacer es tomar conciencia de lo que te causa estrés y tomar medidas, ya sea reduciendo la exposición, ajustando tu perspectiva o resolviendo el problema. Menos estrés significa menos pensar demasiado.

MÉTODO 4

Llevar un Diario de Estrés

Junto con el método anterior, otra forma fantástica de controlar cuándo, dónde y cómo te estresas es llevar un diario de estrés. Probablemente hayas oído hablar de los beneficios de llevar un diario, especialmente si tienes algo de experiencia en la industria de la autoayuda. Es uno de los hábitos de vida de los que más se habla, y por una buena razón.

Algunos de los beneficios que disfrutarás incluyen:

- Reducción de la ansiedad y la depresión.

- Capacidad de aclarar y centrarse en tus objetivos.

- Mejora la atención plena

- Mejora tu coeficiente intelectual

- Te ayuda a reflexionar, aceptar y superar eventos pasados.

- Ayuda a que tus lesiones sanen más rápido (sí, ¡un estudio médico en Nueva Zelanda lo demostró!)

- Puede fortalecer tu sistema inmunológico

- Te ayuda a aprender de tus experiencias y a crecer.

- Mejora tus habilidades de comunicación.

- Mejora tu calidad de sueño

- Mejora tus capacidades de memoria

- Ayuda a planificar y alcanzar tus objetivos.

- Te ayuda a ser más feliz y mejora tu estado de ánimo.

- Te ayuda a resolver problemas en tu vida.

Básicamente, la lista sigue y sigue. Es cierto que algunos de ellos pueden parecer extraños. ¿Escribir en un diario realmente puede mejorar el funcionamiento de tu sistema inmunológico? Sí. James Pennebaker, un psicólogo, descubrió que el acto de escribir un diario físicamente ayuda a fortalecer las células del sistema inmunológico conocidas como linfocitos T. Cuanto más consciente seas de los eventos de tu vida, menos estrés tendrás, lo que significa que tendrás menos cortisol, lo que en última instancia significa que tu cuerpo puede funcionar a un nivel más alto. Es una locura el efecto positivo puede tener un simple hábito.

Aunque diga 'hábito simple', cualquiera que haya intentado escribir un diario sabe que no es tan fácil formar el hábito como parece. Un día malo o ajetreado, un día aburrido en el que no hay nada que escribir, o una simple falta de energía antes de irte a dormir, pueden significar que te pierdas un día de escritura, luego dos, luego tres, y así sucesivamente. En mi propia experiencia, aunque conozco los beneficios, escribir un diario parece ser uno de los hábitos más difíciles de formar, y fácilmente puedo dejar pasar los días sin escribir nada.

A lo largo de los años, he llegado a aprender que hay una razón fundamental para esto, y es bastante simple. Mis esfuerzos diarios carecían de dirección. Porque me sentaba todos los días sin un plan, con la esperanza de escribir lo que había estado haciendo y cómo me sentía, en los días en que no pasaba mucho, o simplemente no tenía ganas de escribir, fueron los más fáciles de pasar por alto.

Sin embargo, cuando cambié mi perspectiva sobre escribir un diario y me fijé la meta de escribir sobre algo específico, todo cambió. Por eso es tan importante que tus objetivos sean claros y concisos. Cuanto más detallado sea tu plan (incluso si cambias en el camino), más probable es que lo lleves a cabo porque tienes una dirección trazada.

Para mantener esta línea de pensamiento relevante, es hora de comenzar tu propio diario de estrés. Aquí te mostramos cómo hacer que funcione para ti.

Primero, consigue un medio para escribir. Te recomiendo que te compres un cuaderno bonito para escribir porque este es un espacio que se puede usar para conocerte a ti mismo y entender cómo funciona tu mente. Sin embargo, si escribir a mano no es para ti, no hay razón por la que no puedas usar una computadora. Mi preferencia personal es usar la versión premium de la aplicación Diarly, pero un documento de Word funciona de la misma manera.

Evitaría usar tu teléfono porque es demasiado fácil distraerse con las notificaciones cuando estás escribiendo, y no sirve de nada si estás tratando de escribir y sigues estando sujeto a la atracción de las redes sociales o Internet. Si tienes la disciplina o prefieres usar una aplicación de diario (hay muchas buenas en tu tienda de aplicaciones preferida), eres más que bienvenido a usar una. Una vez más, se trata de encontrar lo que funciona para ti.

Ahora que tienes tu espacio para escribir, quieres pensar en cuándo vas a escribir. Es muy recomendable que elijas un buen momento en el que puedas sentarte y escribir en tu diario todos los días, ya que esto te brindará la mayor cantidad de beneficios y puede ayudarte a formar el hábito. Decir al azar que vas a escribir todos los días no es lo suficientemente conciso. Recuerda, cuanto más claro y conciso seas con tus objetivos, más probable es que los alcances.

Por lo tanto, elige un momento del día que te agrade y trata de cumplir con el hábito tanto como sea posible. Idealmente, querrás escribir al final del día porque podrás reflexionar sobre todo lo que sucedió mientras está fresco en tu mente y los sentimientos están presentes, algo que no podrías hacer el día siguiente. De nuevo, depende de ti y de tu vida. Si estás ocupado por las noches, siéntete libre de hacerlo más temprano.

Ahora viene lo divertido. Escribir. Comienza por escribir un pequeño resumen de tu día y cualquier evento significativo. Si sucedió algo estresante, tómate el tiempo para escribir más al respecto. Escribe sobre la situación y por qué te hizo sentir estresado. Escribe sobre los sentimientos que surgieron, la parte mala de la situación y cualquier cosa buena al respecto. Escribe sobre posibles soluciones o resentimientos que puedas tener. Escribe lo que te venga a la mente, pero no juzgues lo que escribes. Incluso si le deseaste lo peor a alguien porque te fastidió, solo escríbelo y desahógate. Recuerda, tu diario es tu espacio seguro para expresar honestamente tus pensamientos y sentimientos.

Trata de escribir durante cinco minutos si puedes, pero escribe todo el tiempo que quieras, simplemente no te sientas obligado a continuar. Si empiezas a preocuparte sobre qué escribir y no te expresas adecuadamente, esta es otra forma de pensar demasiado. No hay una manera correcta o incorrecta de hacer esto, así que recuerda que no hay necesidad de estresarse. Solo escribe hasta que estés satisfecho y déjalo así.

Eso es realmente todo lo que necesitas hacer. Los beneficios de llevar este diario radican en el acto de escribir. Anotar tus pensamientos y sentimientos te dará mucha claridad y un alto nivel de reflexión que de otro modo no serías capaz de obtener.

El problema con pensar demasiado es que los pensamientos en tu mente no están organizados, por lo que dan vueltas y vueltas, encontrando nuevos puntos y volviendo a los viejos. Escribir los pensamientos les da estructura y te permite sacártelos de la cabeza, permitiéndote dejarlos ir.

Si aún no estás seguro acerca de este método, tómate un momento para probarlo ahora. Piensa en un problema de tu vida en el que estés pensando y simplemente escribe diez viñetas sobre el tema. Las viñetas pueden ser cualquier cosa: pensamientos, sentimientos, detalles. Realmente no importa. Solo piensa en diez viñetas, escríbelas y ve cómo te sientes. Te aseguro que esa será tu prueba.

MÉTODO 5

Dominar el Entrenamiento Autógeno

Hasta ahora, los métodos que hemos explorado se explican por sí mismos y son sencillos. Son métodos básicos para ayudarte a superar el estrés. Pero ahora que tienes la base, creo que estás listo para probar algo un poco más avanzado: el Entrenamiento Autógeno.

Esta es una técnica especializada cuyo único objetivo es promover sentimientos de calma y relajación dentro de ti, sin importar lo que suceda a tu alrededor. Cuando sientes las intensidades del estrés, la ansiedad y el pensamiento excesivo, esta es una gran herramienta para tener a tu lado y recurrir cuando la necesites. Los neuropsicólogos y profesionales afines lo recomiendan como una excelente manera de lidiar con las emociones abrumadoras, específicamente el estrés, la tristeza y la frustración.

Desarrollada en la década de 1920, la técnica es más utilizada por personas que se someten a TCC (Terapia Cognitiva Conductual), pero se puede utilizar como una herramienta conductual independiente si es necesario. Científicamente, se ha demostrado que esta técnica funciona. En particular, una revisión de 2008 de múltiples estudios (Entrenamiento de relajación para la ansiedad: una revisión sistemática de diez años con meta-análisis) encontró que el entrenamiento autógeno fue altamente efectivo para reducir los síntomas de ansiedad y se recomendó para reducir el estrés diario y sobrellevar los ataques de pánico, todos los cuales están conectados con el pensamiento excesivo.

También hay otros beneficios probados, principalmente aquellos que vienen como efectos secundarios de las personas que participan en la práctica y de las experiencias personales. Estos beneficios incluyen cosas como mayor autoestima y confianza en sí mismo. Las personas informan activamente que pueden manejar más estrés y pueden mantenerse concentradas y serenas durante situaciones estresantes. La mayoría de las personas afirman sentirse generalmente más positivas a lo largo de su vida cotidiana.

Con los beneficios de la práctica claros y probados, pasemos a su práctica. Si bien el formato puede variar de persona a persona, el método a continuación generalmente se considera la base.

Primero, asegúrate de estar en una posición cómoda y relajada, ya sea sentado, acostado boca arriba o reclinado. Realmente no importa lo que hagas; lo que importa es que estés cómodo y puedas sentarte unos minutos sin las ganas de intentar ponerte más cómodo.

Cierra los ojos, respira profundamente como ya hemos discutido y luego agrega algunas señales verbales. Idealmente, querrás decirlas de manera concisa y calmada, en voz alta o que alguien te las diga. Sin embargo, si estás en una posición en la que necesitas estar un poco callado, decirlo mentalmente está bien.

La lista de señales puede ser la siguiente:

- Estoy completamente tranquilo (dilo una vez).

- Mi brazo izquierdo es pesado (dilo seis veces).

- Estoy tranquilo (dilo una vez).

- Mi brazo derecho está caliente (dilo seis veces).

- Estoy completamente tranquilo (dilo una vez).

- Mi corazón late con calma pero con un propósito (dilo seis veces).

- Estoy completamente tranquilo (dilo una vez).

- Mi respiración es tranquila y regular (dilo seis veces).

- Estoy completamente tranquilo (dilo una vez).

Por supuesto, puedes alterar las señales para decir lo que quieras. Si tiendes a sentir estrés, por ejemplo, en los hombros, entonces puedes reemplazar el brazo derecho con el hombro y concentrarte en esa área. También puedes agregar tantas áreas como desees y continuar durante el tiempo que desees. Si deseas hacer un escaneo de cuerpo completo, comienza por la cabeza y baja hasta los dedos de los pies.

Más comúnmente, alguien podría decir: "Tus brazos están firmes y conectados a tierra, respira profundamente y abre los ojos", y esto cerraría tu práctica, ayudándote a regresar al mundo real en un estado mental pacífico. Este tipo de práctica trata de traer calma y paz a tu vida, especialmente cuando sientes que tu pensamiento excesivo o el estrés te consumen por completo.

Para darte una idea de cuán poderosa es esta práctica repetitiva, se usa más comúnmente para tratar a quienes sufren ataques de pánico, viven con enfermedades o afecciones de dolor crónico, tienen palpitaciones cardíacas o personas que viven con fobias. Cuanto más practiques el entrenamiento autógeno, más efectivos y beneficiosos se vuelven los resultados, todo porque estás entrenando activamente tu cerebro para que se concentre en estas intenciones. Te estás entrenando para estar más tranquilo y en paz, que es precisamente lo que se logra con la práctica.

Es completamente seguro. Simplemente tómalo a tu propio ritmo, o si tienes la oportunidad de hacerlo, hazlo con un terapeuta profesional o capacitado que podrá guiarte a través del proceso mientras te enseña las habilidades para hacerlo tú mismo en el futuro.

Método 6

Cómo Concentrarse y Evitar la Procrastinación

Para mí, una de las mayores desventajas de sentirse estresado es la procrastinación. Soy un fanático del escapismo, así que cuando me siento estresado o me doy cuenta de que constantemente estoy pensando demasiado, lo que generalmente está relacionado con emociones negativas como el miedo o la tristeza, hago todo lo que puedo para no pensar. Esto puede significar ver Netflix o YouTube, jugar videojuegos, dormir todo el tiempo o comer una tonelada de comida chatarra.

Debido al tiempo que paso escapando a través de estas actividades, no hago mucho trabajo durante estos tiempos más difíciles, y eso me estresa más, lo que me hace posponer más las cosas y puede terminar siendo un círculo vicioso que se vuelve muy difícil de romper. Sin embargo, no es imposible romperlo una vez que conoces los trucos, consejos y estrategias para volver a encarrilarte.

Por supuesto, sería fácil escribir un libro completo sobre este tema solo, pero voy a dividir este tema en algunos puntos prácticos que me han funcionado en el pasado y me han permitido volver a encarrilarme. Una vez que vuelvo a la normalidad, me concentro y hago las cosas, lo que significa menos estrés, menos pensamientos excesivos y, en general, más felicidad y paz dentro de mí.

No se puede negar que este problema de no poder concentrarme, sucumbir al exceso de pensamiento, por lo tanto, a la procrastinación, al estrés y a las emociones negativas, fue una gran parte de mi vida y me retuvo enormemente. Este podría ser el caso en tu vida, tal vez con diferentes efectos. Aquí hay algunos consejos sobre cómo lidiar con este problema:

Hacer Pequeños Cambios

Comienza mirando tus cimientos, dónde te encuentras ahora. Así que mírate bien en el espejo. ¿Qué te detiene? ¿Cuándo te distraes y qué lo provoca? Puedes encontrar que las distracciones son obvias y algunas no lo son. Por ejemplo, si estás trabajando en un escritorio y tienes tu teléfono contigo, ¿te encuentras constantemente tomándolo, volviendo al trabajo, tomándolo de nuevo, etc.?

Entonces sabes que tu teléfono es una distracción. Pregúntate por qué lo estás recogiendo. Para mí, uno de los peores momentos fue cuando rompí con mi exnovia y, como estaba un poco apegado, levantaba mi teléfono para ver si estaba en línea, había publicado algo en Instagram o estaba activo. Esto es algo que afortunadamente resolví a través del asesoramiento, pero eso no ha impedido que la tecnología sea una distracción en otras áreas de mi vida.

Básicamente, piensa en la frecuencia con la que levantas el teléfono, ves la televisión o revisas tu correo electrónico cuando sabes que deberías estar haciendo otra cosa. Este es un gran problema en el mundo moderno porque es muy fácil. Es muy fácil levantar tu teléfono y acceder a una aplicación. Es más difícil sentarse y hacer el trabajo. Es mucho más difícil sentarse y enfrentar el estrés o los problemas por los que estás pasando que ver Netflix. Tu cerebro está tratando de resolver los problemas de tu vida cuando tiene la oportunidad porque no lo estás engañando con contenido y medios interactivos.

Eso nos lleva de vuelta a este primer punto. Necesitas crear un espacio en tu vida donde estés libre de distracciones. Esto puede ser tan simple como dejar tu teléfono en otra habitación, instalar un bloqueador de sitios web o colocar el control remoto de tu televisor en un armario. No importa cuál sea tu distracción, el truco para recordar es poner pasos adicionales en tu camino para evitar que te distraigas. Cuando dejas tu teléfono en otra habitación, instintivamente puedes alcanzarlo aunque no esté contigo (todavía lo hago todo este tiempo), pero te das cuenta de que lo dejaste en la otra habitación. Lo más probable es que no te molestes en ir a buscarlo, así que no lo harás. En su lugar, sigues con lo que sea que deberías estar haciendo.

Esta estrategia trata de minimizar las distracciones que, en última instancia, minimizan los riesgos de que encuentres otra cosa que hacer en lugar de concentrarte en lo que necesitas hacer.

Organizarse y Concentrarse

Uno de los mayores problemas con los que me encontré al tratar de mantener la concentración no procedía del estrés o las cargas de trabajo abrumadoras, lo que me sorprendió. El principal problema era el hecho de que no estaba organizado. Mi estructura de flujo de trabajo (para usar un término técnico) estaba por todas partes y no estaba administrando bien mi tiempo. Debido a que sentía que no estaba haciendo nada y mi lista de tareas pendientes siempre se estaba acumulando, me estresé. Por lo tanto, me desquitaba conmigo mismo o con otras personas, y mi pensamiento excesivo se volvió incesante, ya sea que estaba pensando en lo fracasado que era, en lo tarde que iba a llegar a mi fecha límite, en lo que iba a decir mi jefe, lo que mi pareja pensaba sobre mí trabajando todo el tiempo, y así sucesivamente. No estaba en un gran lugar mentalmente.

En lugar de estar atrapado en ese bucle, aprendí a organizarme, administrar bien mi tiempo y hacer las cosas, lo que básicamente me permitió dominar la gestión de mi vida cotidiana, liberar el estrés, aumentar la productividad y encontrar la paz. Y no creas que estos consejos solo se aplican al flujo de trabajo tradicional del lugar de trabajo. Si eres un estudiante ocupado, un padre frenético, estás comenzando un nuevo proyecto o pasatiempo, o simplemente estás tratando de ponerte al día en un día ajetreado, estas son estrategias que te ayudarán.

Primero, escribe una lista. En tu teléfono, PC o un trozo de papel, realmente no importa. Escribe todo lo que se te ocurra que debes hacer, incluso las cosas pequeñas que no crees que deban escribirse, como cargar tu teléfono, almorzar o hacer una llamada telefónica. Estas pequeñas micro tareas son las más importantes. Escríbelas todas en cualquier orden.

Ahora revisa la lista y resalta las tres tareas más importantes que necesitas hacer ese día. Pase lo que pase, estas son las tareas en las que trabajarás primero. Asegúrate de etiquetar las tareas uno, dos y tres, en el orden de su importancia. A medida que avanzas en tu día, harás la primera tarea y, como sabes lo que estás haciendo, eliminarás el hecho de pensar en tu flujo de trabajo. Simplemente mira tu lista y ya sabes lo que necesitas hacer sin pensar demasiado.

Cuando hayas completado la primera tarea, pasa a la segunda y luego a la tercera. Si logras hacer algo más durante el día, eso es una ventaja, y sin duda te hará sentir bien, gracias a la liberación de dopamina que obtienes al completar tu lista de tareas pendientes. Si tienes pequeños trabajos urgentes que necesitas hacer mientras tanto, como hacer una llamada telefónica o recoger a tus hijos de la escuela, anótalos en la lista y conviértelos en parte de tu horario diario.

Incluso si estás trabajando en un proyecto que te llevará todo el día o semanas, debes dividir la tarea en pasos simples que puedas tachar. Por ejemplo, escribir un libro, una tarea que puede llevar varios meses, se puede desglosar de la siguiente manera:

- Obtener papelería y configurar la computadora

- Activar bloqueador de sitios web de distracción

- Poner tu teléfono en la otra habitación.

- Encontrar una lista de reproducción de escritura que dure seis horas.

- Tomar un café y minimizar otras distracciones

- Escribir el esquema

- Escribir la introducción

- Escribir los resúmenes de los capítulos

- Escribir el primer capítulo

- Escribir el capítulo dos...

- ...Escribir la conclusión

- Releer y editar

- Editar nuevamente

- Encontrar lectores beta

- Y así sucesivamente

La lista anterior es una que se extendería durante varios meses y, día a día, la desglosarías aún más. Digamos que estabas escribiendo el capítulo uno en un día, tu lista de tareas podría ser:

- Desayunar

- Escribir de 9 a 12

- Almorzar

- Sacar al perro a pasear

- Escribir de 1:30 a 3

- Recoger a los niños

- Limpiar la casa

- Y así sucesivamente

Lo que hace que este método funcione es escribir todo y tachar las tareas completadas. Es por eso que enumeramos incluso las tareas más pequeñas. Cada vez que completas una tarea y pasas por el acto de tacharla, tu cerebro libera dopamina porque has logrado algo y te sientes bien. Tu cerebro quiere más de eso. Cuando comencé, incluso tenía tareas como *ir al baño* y *tomar un vaso de agua*, solo porque me hacía sentir bien completarlas y tacharlas de mi lista. No hay tarea demasiado pequeña para tu lista.

Pruébalo tú mismo y ve lo beneficioso que puede ser este método.

Como dije antes, podría escribir un libro completo sobre cómo concentrarse y vencer la procrastinación. Recomiendo encarecidamente investigar la procrastinación o la falta de concentración para ver si es un problema real lo que te está frenando. Sin embargo, el simple hecho de seguir estos consejos rápidos puede ayudarte a realizar cambios. Con tu mente enfocada, minimizas el estrés que estás experimentando y, en última instancia, reduces el riesgo de pensar demasiado.

MÉTODO 7

Cómo Lidiar con Factores Externos Estresantes

Para concluir nuestro primer capítulo sobre cómo superar el estrés que te hace pensar demasiado, analicemos cuál es quizás el tema de conversación más crucial: cómo lidiar con situaciones estresantes. Si bien muchos de nosotros tratamos de ser felices y pacíficos a lo largo de nuestras vidas, sin duda nos encontraremos con situaciones estresantes, las cuales son inevitables.

Ya sea que te enfurezca cuando alguien te corta el paso, te derrumbas cuando necesitas ir a trabajar, recibes una multa inesperada, descubres que te han engañado, te cruzas con alguien que está teniendo un mal día o simplemente te despiertas en el lado equivocado de la cama, las situaciones estresantes están en todas partes. Necesitas saber cómo lidiar con estas situaciones, para que no te consuman.

Si tomas las situaciones estresantes como algo personal y dejas que te afecten, te sentirás estresado, ansioso y pensarás demasiado. Solía manejar las situaciones tan mal, y pensaba, *¿Por qué siempre me pasan estas cosas? ¿Qué he hecho para merecer esto?* y *¿Por qué siempre me pasa esto?* Cuando comienzas a juzgarte por cómo manejaste una situación o por lo que podrías haber hecho de manera diferente, el riesgo de pensar demasiado aumenta.

Entonces, ¿cómo lidias con situaciones estresantes?

Lo más importante que debes recordar es no quedarte atrapado en ninguna situación. Si puedes hacer esto, podrás manejar cualquier cosa. Independientemente de si una situación es positiva o negativa, es muy fácil perderse en el momento, quedar atrapado en emociones o pensamientos. Digamos que estás en una situación en la que tu jefe te está gritando a ti y a tu equipo porque no cumplieron con una fecha límite. Es muy fácil caer en la trampa de tomar todo personalmente y como un ataque personal. Tu jefe solo está proyectando cómo se siente, por lo que no hay razón para estar asustado, molesto o estresado. Los gritos de tu jefe no harán que la fecha límite no se pierda y no mejorará nada a largo plazo. Tener esta mentalidad es la esencia de no quedar atrapado en la situación y dejar que te afecte.

Debido a que estás experimentando una situación desde una perspectiva en primera persona (tu perspectiva), es muy real porque te está sucediendo a ti, pero trata de ver cada situación estresante desde la distancia. En este ejemplo, tu jefe probablemente ha hecho que su jefe lo haya criticado extremadamente duro porque no cumplió con la fecha límite. Debido a que se sienten estresados, enojados y molestos, lo han proyectado en ti. Es una cadena de eventos, un signo de falta de inteligencia emocional, especialmente porque tu jefe solo está enojado contigo porque está enojado.

Debido a que entiendes que tu jefe está estresado, sabes que debe dejarlo salir de su sistema y estará bien una vez que se haya calmado en un par de horas. En lugar de estar estresado por la situación, te has mantenido conectado a tierra y concentrado, permitiéndote mantener la paz y la calma. Básicamente, puedes continuar con tu día de la mejor manera posible.

Por supuesto, esto no quiere decir que no puedas sentirte afectado emocionalmente. Esto es inevitable. Si te pasa algo malo, te vas a sentir triste o enojado. El truco consiste en darse cuenta de las emociones que sientes y aceptarlas, en lugar de tratar de combatirlas o actuar a través de ellas sin pensar, como hizo tu jefe en el ejemplo. Demasiadas personas en estos días viven sus vidas perdidas en sus emociones y actuando a través de ellas. Definitivamente has hecho esto, o conoces a personas que lo hacen. Es muy frecuente en los niños (todos los niños lo hacen) porque son demasiado pequeños para haber desarrollado la inteligencia emocional como se desarrolla durante la adolescencia.

Esta es la razón por la cual los niños lloran un minuto y pueden reírse tontamente al siguiente. Literalmente solo están actuando a través de sus emociones en función de lo que les está sucediendo en ese momento. No tienen conciencia de los efectos a largo plazo ni del pensamiento consciente. Sienten algo, y se apodera de ellos. Por supuesto, esto no quiere decir que las emociones sean innecesarias. Todas tus emociones son válidas, pero hazlo conscientemente, permitiéndote entenderlas y cómo piensas y sientes verdaderamente sobre las cosas que suceden en tu vida. Es una excelente manera de conocerte a ti mismo.

Esta es la forma más importante y efectiva de lidiar con cualquier situación estresante, y lo bueno es que se puede aplicar en cualquier lugar y en cualquier momento. Por ejemplo, supongamos que acabas de enterarte de que te han engañado y tú y tu pareja se están sentando para hablar al respecto. Sí, te vas a sentir enojado, y te vas a sentir triste y herido. Vas a sentir diferentes emociones, y va a ser difícil mantener la compostura y descubrir qué vas a hacer a continuación. ¿Hacia dónde irá la relación después? ¿Cuál es tu siguiente paso?

Estas son preguntas importantes y estresantes, y puede ser muy fácil perder el control y ser abusivo, gritándole a tu pareja cuánto la odias y cuán deshonestos han sido, y cuánto te han lastimado. Es posible que desees expresar eso, pero probablemente no ayudará a largo plazo. En tu lugar, tómate un momento para ser consciente de tus emociones. Expresa tus necesidades. ¿Necesitas tiempo para procesar y pensar? ¿Eres capaz de perdonar? ¿Tu pareja debería dejarte en paz? Es tomarse el tiempo para pensar, sentir y procesar lo que te ayudará a mantenerte conectado a tierra. Como mínimo, evitarás que hagas o digas algo de lo que te arrepentirás.

Tener las habilidades para mantenerte enfocado mientras reconoces tus emociones y sentimientos, en lugar de actuar sin pensar a través de ellos, requerirá práctica. De hecho, creo que es un proceso de toda la vida. Continuarás creciendo a medida que encuentres más experiencias con diversos impactos y grados de magnitud en tu vida. Sin embargo, mientras te enfocas en esto, hay otros consejos importantes para recordar cuando se trata de situaciones estresantes:

- Haz cosas que te hagan feliz y toma descansos de la vida mundana.

- Enfrenta cada situación con una actitud positiva.

- Ten compasión por otras personas y trata de ver su versión de la historia.

- Reflexiona después de cada situación estresante y considera qué harías la próxima vez.

- Establece límites sobre la cantidad de exposición que tienes a cosas y personas estresantes.

- Si necesitas hablar sobre una situación estresante, no tengas miedo de comunicarte con otros.

- Escribe cómo te sientes para ventilar cualquier emoción negativa que puedas tener.

Hemos llegado al final de nuestro primer capítulo. Uf, ese fue largo. Con suerte, has aprendido muchas estrategias para lidiar con situaciones estresantes o al menos estás pensando en cómo estos puntos pueden implementarse en ciertas áreas de tu propia vida. Con un poco de suerte, prestarás mucha más atención a cómo te relacionas con tus experiencias y cómo te afecta el estrés.

Al esforzarte por minimizar tu estrés, reducirás activamente tus posibilidades de pensar demasiado, ya que tendrás más control y estarás más conectado con la forma en que piensas, sientes y vives. No olvides que puedes volver a este capítulo en cualquier momento si necesitas un repaso o un estímulo. Puede tomar un poco de tiempo romper con los hábitos de pensar demasiado, y solo con leer este libro significa que ya has dado el primer paso en la dirección correcta hacia un futuro más feliz y saludable.

Capítulo Tres

Métodos para Manejar la Ansiedad

Relacionado con el capítulo anterior, la ansiedad suele ser parte de la vida de la mayoría de las personas. Esto puede parecer extraño para mucha gente. ¿Por qué hay tanta gente que sufre de ansiedad y por qué se habla tanto de ello? Con estadísticas que detallan que alrededor de 40 millones de personas de 18 años o más solo en los EE. UU. sufren algún grado de ansiedad, y solo el 36,9 % de ellos recibe tratamiento para ello, no es de extrañar que sea un problema tan grande.

Si piensas demasiado, lo más probable es que hayas experimentado una mente ansiosa. Ya sea que estés pensando en viejas conversaciones mientras deseas haber hecho o dicho algo diferente, o estés entrando en pánico por algún evento, situación o conversación que se avecina, anticipando todos los escenarios posibles que podrían desarrollarse, vivir con una mente ansiosa nunca es fácil.

Afortunadamente, es algo que se puede remediar. Al igual que con el estrés, si conoces las estrategias que detallan cómo lidiar, sobrellevar, abordar y reducir tu ansiedad, puedes reducir su impacto en tu vida porque estás reconfigurando activamente tu mente para una vida pacífica y menos pensante. Afortunadamente, hay varios métodos que puedes aprender por ti mismo que pueden ayudarte a calmar tu mente ansiosa y tus pensamientos frenéticos, tanto en el momento como en el transcurso de muchas semanas, meses y años.

MÉTODO 8

Técnicas de Relajación Muscular

Para empezar, apuntemos a colocar tu mente en el momento en que realmente sientas ansiedad. Siempre me ha resultado extremadamente difícil porque la ansiedad puede comenzar como un sentimiento leve y subyacente al que apenas se le presta atención. Es posible que sientas una punzada de vez en cuando, pero para mí, creció en el transcurso de días o incluso semanas, y ciertamente llegó a un punto en el que tomó el control y se convirtió en algo que lo consumía todo.

Lidiar con la ansiedad en cualquier etapa de ese proceso fue difícil, especialmente cuando no creía que algo anduviera mal. Sin embargo, cuando comienzas a prestar atención y notas los signos de ansiedad que aparecen, que es algo que solo viene con la experiencia, puedes hacer algo al respecto y no tienes que vivir con los efectos y el temor que conlleva.

Una de las formas más probadas y efectivas de lidiar con la ansiedad es usar una combinación de técnicas de relajación muscular y respiración profunda. Estos son muy similares a los ejercicios de respiración profunda que exploramos en el capítulo anterior. Eres más que bienvenido a usar esos ejercicios de respiración para obtener los mismos resultados. Sin embargo, el uso de técnicas adicionales de relajación muscular puede proporcionar una fantástica variedad de beneficios para aliviar la ansiedad, el más efectivo de los cuales se conoce como Relajación Muscular Progresiva (RMP).

Relajación Muscular Progresiva

RMP es una práctica que se ha utilizado durante mucho tiempo. Fue introducido por primera vez en la década de 1920 por el médico estadounidense Edmund Jacobson. Desde su desarrollo, se ha utilizado como una de las formas más poderosas para aliviar los síntomas del estrés, la ansiedad y el dolor crónico. Una técnica tan poderosa puede parecer complicada, pero es sencilla, y una vez que domines los conceptos básicos, puede convertirse en una habilidad invaluable para la vida.

RMP es el proceso de tensar y relajar los músculos alrededor de tu cuerpo con propósito e intención. Debes reservar entre diez y veinte minutos para completar una sesión, lo que significa que puede incorporarse fácilmente a tu rutina diaria y usarse cuando sea necesario.

Antes de pasar a la estrategia en sí, ten en cuenta que se recomienda que te concentres en un grupo muscular a la vez para obtener los mejores resultados. Por ejemplo, comienza con los pies y las piernas y termina con la cara. No intentes hacer todo de una sola vez. Puedes practicar sentado o acostado, lo que te resulte más cómodo, y trata de asegurarte de crear un espacio en el que puedas hacerlo con facilidad. Esto significa encontrar un espacio tranquilo sin distracciones y con una posibilidad mínima de que te molesten, ya que esto puede hacerte sentir peor y más ansioso.

Empecemos el proceso.

Mientras estás sentado o acostado, inhala lentamente y con propósito, y mientras lo haces, contrae y tensa un grupo de músculos, digamos los dedos de los pies y las piernas o la parte superior de los muslos. Tensa esos músculos mientras te enfocas en la sensación durante unos cinco a diez segundos y luego suéltalos. Eso es todo.

Ahora siéntate o acuéstate y siente los músculos liberados durante unos diez a veinte segundos y luego muévete hacia arriba o hacia abajo sobre otra parte del cuerpo o grupo muscular y haz lo mismo nuevamente. Cuando estés relajando tus músculos, trata de imaginar, sentir o visualizar tus músculos cambiando o relajándose activamente. Esta es una adición muy poderosa a tu práctica que aumentará diez veces los beneficios. Una vez que hayas terminado con cada parte de tu cuerpo, la práctica habrá terminado.

Ahora, esto puede sonar simple. Seguramente algo tan simple no podría ser tan impactante para aliviar algo tan fuerte y que consume tanto como la ansiedad y el estrés, pero los estudios, las opiniones profesionales y las investigaciones muestran que, de hecho, funciona, especialmente cuando se practica regularmente durante largos períodos de tiempo. Cuanto más practiques algo, mejor lo harás, lo que significa que disfrutarás de aún más beneficios.

Eso es prácticamente todo lo que hay que hacer cuando se trata de RMP. Sigue practicando, o al menos pruébalo varias veces para ver si te funciona. Si funciona, genial. Acabas de conseguir una herramienta que puede proporcionarte un sinfín de beneficios. Si no es así, debes saber que estás un paso más cerca de descubrir las estrategias y técnicas que funcionan para ti.

MÉTODO 9

Cómo Lidiar con los Pensamientos
Negativos en el Momento

Tomando un pequeño descanso, quiero explorar el concepto de pensamiento negativo, definiendo qué es, qué te hace y cómo puedes lidiar con él. El pensamiento negativo y el pensamiento excesivo negativo son una parte importante de la ansiedad. Cada vez que siento que se avecina un ataque de pánico, o me siento ansioso por algo, siempre hay pensamientos negativos, ya sea pensando que voy a morir o complicando una situación.

Por supuesto, cuando hables con alguien sobre esto, te sugerirán una práctica como la meditación. Es cierto, la meditación es una herramienta muy poderosa y efectiva cuando se trata de conectarte y comprenderte a ti mismo. La meditación te ayudará a notar y reconocer cuando tienes pensamientos negativos en lugar de perderte y consumirte por ellos y te ayudará a mantenerte conectado y enfocado.

Esto es lo que te dirán muchos guías de meditación y gurús. Imagina que crees que vas a perder tu trabajo. La empresa está haciendo recortes, todo el mundo habla de ello y el jefe no parece contento contigo. Estás convencido de que vas a perder tu trabajo y te metes en tus pensamientos. No te estás enfocando en lo que estás haciendo en absoluto. Estás distraído en el trabajo, cuando estás con la familia y otras personas en tu vida, y solo piensas en tu posible futuro. Esto es a lo que los gurús se refieren como *'estar en tu cabeza'*.

La meditación es una forma de romper este hábito y de ver tus pensamientos desde una perspectiva externa. Es como si estuvieras observando tus pensamientos en lugar de ser ellos. Esto te permite mirar desde una perspectiva fundamentada y sin prejuicios, por lo que te mantienes racional. Sin embargo, cualquier libro, video o publicación de blog sobre la ansiedad y el estrés te brindará más información sobre la meditación, por lo que hay información más que suficiente para explorar. Si estás buscando un punto de partida, te recomiendo *El Poder del Ahora* de Eckhart Tolle y obtén una aplicación como Headspace, Waking Up o Insight Timer para ayudarte a desarrollar un hábito de meditación. El truco de la meditación es hacerlo con regularidad y constancia.

¿Qué más puedes hacer para abordar el pensamiento negativo, especialmente cuando estás en el momento? A veces, simplemente no es posible sentarse y concentrarse en tu respiración según sea necesario durante la meditación, especialmente cuando te estás volviendo loco y necesitas una solución rápida.

Toma un Momento para Hacer una Pausa

En el momento en que notas que estás atrapado en un patrón de pensamiento negativo, es esencial que te tomes un momento para hacer una pausa y pensar. Lo sé, pensar más no suena muy bien, pero aquí no estamos pensando en nada en particular. Solo estamos tomando un momento para darnos cuenta de tus pensamientos y reconocer que estás en el ciclo de pensamiento.

Esto puede sonar como meditación y, de hecho, es una forma de atención plena, pero es esencial para ayudar a detener tus tendencias a pensar demasiado. Imagina que estás enloqueciendo y poniéndote ansioso, preocupado o estresado. Cuando tu mente está pensando un millón de pensamientos por minuto, es probable que cualquier decisión que tomes sea irracional y termines cavando un hoyo más profundo.

Es hora de adquirir el hábito de dejar lo que sea que estés haciendo y tomarte un descanso. Esto puede ser difícil al principio porque no es algo a lo que estés acostumbrado, pero con la práctica a lo largo de semanas, meses e incluso años, se convierte en una habilidad invaluable. Si necesitas alejarte de una situación, hazlo. Averigua lo que necesitas hacer para salir de situaciones que te hacen pensar demasiado.

A veces, todo lo que se necesita es un solo momento o una respiración profunda para interrumpir el pensamiento constante y volver a un estado mental tranquilo. Adquiere el hábito de hacerlo, incluso si estás tomando un respiro cuando no te sientes estresado, solo para desarrollar ese hábito, y podrás hacerlo cuando lo necesites.

Realidad versus Ficción

Cuando el pensamiento negativo ataca, existe una alta probabilidad de que lo que está pasando en tu cabeza sea muy diferente de tu realidad. Ten en cuenta que no estoy diciendo que lo que estás pensando no sea válido o inventado, ni que el pensamiento negativo sea inherentemente malo. Sin embargo, es cuando este tipo de pensamiento es demasiado negativo o implica fabricar historias que se convierte en un problema.

Tenía un amigo que era terrible haciendo esto. Cuando éramos adolescentes, se molestaba con los dramas de adolescentes, los problemas de relación, etc., como les sucede a los adolescentes, pero se preocupaba constantemente por lo que la gente pensaba de él, lo que decía la gente y cómo se sentía la gente sobre lo que estaba pasando. Todas cosas perfectamente válidas de las que preocuparse, excepto que él se preocupaba y pensaba tanto en ello que creía que la gente hablaba de él cuando no era así. He visto muchos ejemplos de este tipo de pensamiento a lo largo de mi vida y, por supuesto, a veces soy culpable de ello.

Cuando estás atrapado en patrones de pensamiento negativos, es esencial que te tomes un momento para pensar si lo que estás pensando es realidad o ficción. Si te estás contando historias de lo que está sucediendo, pero no conoces los hechos de una situación, etiqueta ese patrón de pensamiento como una historia y trata de concentrarte en los hechos, o al menos descifrarlos.

Comprender tus Pensamientos a través de la Escritura

Pensar demasiado puede ser una pesadilla para tu existencia porque estás constantemente repasando lo que sea que estés pensando. Sin embargo, sacar estos pensamientos de tu cabeza es una excelente manera de entender de dónde vienen, qué son y si realmente te están sirviendo. Ese es un punto excelente para recordar. Si un pensamiento no te está haciendo bien, no querrás dejar que influya en ti ni en tus decisiones.

La mejor manera de hacer esto es poniendo tus pensamientos en papel en forma de un diario de pensamientos. Puedes hacer esto escribiendo notas en tu teléfono o desahogándote en un trozo de papel que encuentres tirado, aunque es muy recomendable que uses un espacio dedicado a esta tarea.

La idea es escribir cómo te sientes y lo que estás pensando en el momento en que lo estás pensando, escribirlo en su forma más pura y luego reflexionar sobre ello a lo largo del tiempo y tomar notas para ver si hay algún patrón en la forma en que piensas. Puedes notar que ciertas personas, situaciones, experiencias o incluso lugares desencadenan tus pensamientos negativos. Si puedes identificarlos, entonces podrás hacer algo para solucionarlo, en lugar de quedarte estancado en tus patrones habituales de pensamiento.

Un Pequeño Resumen del Capítulo

Realmente no importa cómo lidias con tus pensamientos negativos, pero el truco es detener el pensamiento y tomar conciencia de ello. Esa es la solución instantánea a corto plazo, y todo sucede a través de los hábitos. Por eso es importante pensar en cómo piensas, incluso cuando no te sientas estresado o ansioso. Desarrolla un hábito durante los buenos momentos para aprovecharlo al máximo durante los malos momentos cuando realmente lo necesites.

Sin embargo, las soluciones a largo plazo provienen de mirar hacia atrás y reflexionar sobre tus patrones cuando no estás en el estado mental ansioso, permitiéndote hacer algo al respecto. Esa es la solución de dos partes. Si recién estás comenzando tu viaje de superación personal, te recomiendo que te concentres en la primera parte y obtengas un nivel de reconocimiento y aceptación por ti mismo.

MÉTODO 10

Cómo Detener un Ataque de Pánico

Si has sufrido y vivido con ansiedad durante mucho tiempo, es probable que hayas experimentado un ataque de pánico y sepas lo brutal que puede ser, especialmente cuando piensas demasiado. La mente corre, tu cuerpo reacciona de una manera tan poderosa e intensa, y lo consume todo. Este capítulo trata sobre cómo tratar y superar estas situaciones.

Ahora, vale la pena reiterar que todos somos diferentes y todos experimentan ataques de pánico de diferentes maneras. Esto significa que una solución que funciona para otra persona podría no funcionar para ti. Por supuesto, no es una experiencia agradable tener un ataque de pánico, hojea este libro o Internet para encontrar una solución, que no funciona. Sin embargo, pasar por este proceso es solo eso: un proceso. Habrá altibajos. No estoy tratando de endulzar este viaje porque es difícil y hay obstáculos que deberás superar.

Sin embargo, con la información correcta y la voluntad de encontrar lo que funciona para ti, puedes encontrar el camino hacia una vida más feliz y saludable. Echemos un vistazo a algunas de las soluciones.

Métodos Rápidos y Fáciles

Puedes usar algunos de los métodos que ya hemos discutido en este libro para superar los ataques de pánico. Las estrategias como la respiración profunda, la RMP y la meditación son excelentes maneras de superar un ataque de pánico cuando estás comenzando o en pleno apogeo. Pruébalos y ve si funcionan para ti.

Reconocer los Signos

Todos tenemos señales de que un ataque de pánico está en camino: solía sentirme enfermo y tembloroso. Comenzaba a tener estos sentimientos de náuseas y mareos, como si me fuera a desmayar o sintiera demasiado calor pero sin los síntomas de la temperatura. Mis piernas se debilitaban, tenía que sentarme y no quería hablar con nadie ni interactuar. También sentía una necesidad abrumadora de usar el baño, pero en realidad nunca tenía verdaderas ganas de usarlo.

Cuando comencé a experimentar ataques de pánico que estaban relacionados con mi ansiedad social, sentía estos síntomas a medida que aparecían, pero nunca los identificaba como signos de un ataque de pánico. Simplemente pensaba que no estaba bien, que algo andaba mal o que me estaba muriendo. Por supuesto, esto sólo perpetuó aún más los ataques de pánico y se volvieron más intensos. A veces, estos síntomas tardaban minutos en aparecer, o se prolongaban durante horas, acumulándose hasta que me afectaba por completo.

A medida que adquiría más experiencia con mis ataques de pánico, comencé a reconocer las señales de que se avecinaba, y este simple acto de reconocimiento me ayudó enormemente. Solo pensar, *está bien, estoy teniendo un ataque de pánico, no un ataque al corazón, y todo va a estar bien... solo necesito dejar que pase...* Al decir esto, me calmaba mucho y terminaba tirado en el suelo haciendo ejercicios de respiración hasta que pasaba.

Encuentra y reconoce sus signos de la misma manera que yo lo hice, y eliminarás gran parte del pánico de tu ataque de pánico.

Concéntrate en un Objeto

Cuando sientes que viene un ataque de pánico y tu mente comienza a despegar, comienzas a volverte irracional. Es cuando el pánico comienza a aparecer, y solo se intensificará. Malos sentimientos generan malos sentimientos. Sin embargo, debes encontrar una manera de conectarte a tierra y regresar a la realidad, y una forma sencilla de hacerlo es enfocándote en un objeto estacionario.

Esto realmente puede ser cualquier cosa a tu alrededor, ya sea que lo estés sosteniendo en tus manos o viéndolo desde la distancia. Trata de dirigir la mayor parte de tu atención a ese objeto para mantenerte conectado a tierra. También puedes hacer esto con sensaciones y sentidos físicos.

Mi táctica favorita es acostarme en el suelo porque es estable y sólido (en lugar de una cama blanda) y sentir el peso de mi cuerpo empujando hacia el suelo. Puedes hacer esto ahora. Si estás sentado en la cama o en una silla, presta atención a la sensación de tu cuerpo en contacto con tu asiento o cama. ¿Puedes sentir esa sensación de peso? Concéntrate en ese sentimiento, y deberías notar que tu atención está siendo desviada de tu cabeza y de estos sentimientos. Si puedes practicar esto mientras tienes un ataque de pánico, te resultará mucho más fácil superarlo.

Cambia tu Entorno

A veces, puedes ayudar obtener una nueva perspectiva cuando intentas salir de tu cabeza, y con esto me refiero a salir a caminar, cambiarte de ropa o salir de la habitación. Sin embargo, recomiendo encarecidamente salir a caminar porque no solo obtienes los beneficios de no estar atrapado en el espacio en el que te encuentras, sino que también te beneficias del ejercicio ligero, la luz del sol y el aire fresco.

Si estás hiperventilando o no puedes moverte físicamente, esto no es aplicable. En su lugar, concéntrate en un objeto o cierra los ojos y concéntrate en las sensaciones de tu cuerpo en el suelo. Sin embargo, si estás notando los signos de un ataque de pánico, salir a caminar y refrescar tu mente podría ser lo que necesitas. Es una estrategia simple pero efectiva.

Estas son solo algunas de las formas en que puedes detener un ataque de pánico, y es probable que necesites usar una combinación de estas técnicas en diferentes momentos para manejar tus ataques de pánico adecuadamente y superarlos. Solo sé paciente contigo mismo y perdónate cuando sucedan.

Usa el siguiente párrafo como un mantra que puedes repetir.

Todo es temporal. Los sentimientos que estoy sintiendo en este momento son temporales. Han ido y venido en el pasado, y lo mismo sucederá esta vez. No me sentiré así para siempre. Encontraré la paz una vez más.

MÉTODO 11

Pedir Ayuda de Amigos y Familia

Este método es complicado pero no obstante esencial. Quiero comenzar diciendo que no tienes que sufrir solo en tus luchas personales. Piensa en las personas que más amas en tu vida, como tus amigos, familiares o compañeros de trabajo. Si vinieran a ti y te pidieran ayuda porque estaban luchando con el pensamiento excesivo, la ansiedad o el estrés, estoy seguro de que harías lo que pudieras para ayudarlos. Por supuesto que lo harías. Aunque puede ser difícil aceptarlo, la gente hará lo mismo por ti.

¿Recuerdas a mi amigo que tuvo el accidente automovilístico? Experimentó pensamientos suicidas durante meses, y no fue hasta que se acercó y comenzó a hablar sobre lo que estaba pasando y cómo se sentía que comenzó a superarlo. Cuando sientes que estás luchando contra tu mente, no puedes descubrirte a ti mismo porque estás luchando contra ti mismo. Este es un concepto tan simple para leer, y es esclarecedor darse cuenta de que la parte de ti que es el problema, a falta de una frase mejor, no podrá ayudarse a sí misma, porque ella misma es el problema. Por ejemplo, una llave inglesa rota no puede arreglarse sola, aunque solía arreglar otras cosas.

Ser capaz de reunir el coraje para hablar abiertamente sobre tus problemas de salud mental o algo por lo que estás pasando es un gran paso. Existe el miedo aparente al juicio, tal vez que tus seres queridos piensen que estás roto o débil y que ya no te querrán en su vida. Está el miedo a ser rechazado y a que no haya nadie dispuesto a ayudarte. Es un miedo como este que puede ser absolutamente aplastante para tu confianza, y uno que creerás que empeorará mucho las cosas para ti, pero que realmente puede ayudarte a largo plazo.

Esta parte del capítulo cubre cómo desarrollar la confianza y el coraje para pedir ayuda y dar el primer paso para obtener el apoyo que necesitas en tu viaje hacia la superación personal y una vida más feliz.

Elige a las Personas Adecuadas

Esta es la consideración más crucial que debes hacer. No puedes acercarte al azar a alguien que conoces y simplemente contarle todo. Vas a tener problemas. El hecho de que creas que alguien podría ayudarte no significa que lo hará. Tal vez tienen otras cosas en su vida y no tienen la capacidad de ofrecer el apoyo que necesitas sin sabotearse a sí mismos. El apoyo debe provenir de personas que puedan ofrecerlo.

Entonces, tómate un momento para pensar en alguien en tu vida que esté en un lugar donde pueda ofrecer apoyo. Por supuesto, no siempre sabes lo que está sucediendo, por lo que necesitas seleccionar de manera efectiva a las personas a las que deseas acercarte y pedirles ayuda.

Piensa en las personas en tu vida que sabes que te ofrecerán apoyo y en las que puedes confiar para que sean abiertas contigo y no te juzguen. No tiene sentido pedir ayuda a alguien si no puedes confiar en ellos y no puedes expresarte abiertamente. Si te encuentras ocultando hechos y no siendo 100 % honesto, no obtendrás la ayuda que necesitas.

Sin embargo, incluso si la persona no entiende por lo que estás pasando, hablar con ella puede ser útil si confías en ella y puede apoyarte escuchándote. Con respecto a mis propios problemas de salud mental, hablé con mi padre sobre ellos. Mi padre es muy anticuado y tradicional y sería el primero en admitir que no entiende los problemas de salud mental o por qué tanta gente tiene tantos problemas de salud mental, pero eso no le impidió escuchar y brindar apoyo.

Comparte la Historia

Una vez que hayas decidido a quién pedir ayuda, habla sobre lo que estás pasando. Comienza por sentarlos y hablar sobre lo que está sucediendo. Habla sobre tus experiencias y lo que has pasado. El acto de abrirse sobre lo que has pasado y cómo te has sentido es una terapia porque, al igual que escribir, es una excelente manera de organizar tus pensamientos y sacarlos de la cabeza de manera metódica.

Incluso si la historia es desagradable y hay algunas partes difíciles en las que quizás no quieras entrar, la idea es sacarla. Una vez que hayas superado esta barrera, podrás explorar cómo te hizo sentir, cómo te está afectando y qué vas a hacer al respecto.

No Busques Soluciones, Busca Lecciones

Si bien es esencial buscar la ayuda de los demás, es importante recordar que en realidad no te diriges a ellos con la esperanza de que solucionen tus problemas. Así no es como funciona esto. Si estás lidiando con un problema, nadie puede decir, *oh, haz esto, y todo se arreglará*. Claro, eso podría funcionar, pero es probable que vuelvas a encontrarte en la misma posición.

En lugar de buscar soluciones a problemas individuales, sé más proactivo en aprender lecciones tanto de tus propias experiencias como de las experiencias de los demás. Una vez que hayas aprendido una lección, podrás aplicar lo que has aprendido para evitar que vuelva a ocurrir un problema o al menos comprender cómo solucionarlo, en lugar de quedarte atascado en el problema en el que te encuentras ahora.

No Olvides los Límites

Necesitas tener límites con las personas con las que hablas, ya sea que eso signifique imponerlos con otras personas o respetar los límites que alguien te da. Conozco muchas amistades y relaciones en las que alguien ha pedido ayuda y, por la razón que sea, se ha cruzado un límite, y aunque todos han tratado de ayudar y brindar el mayor apoyo posible, han ido demasiado lejos.

La relación carece de límites donde alguien está demasiado involucrado, no hay tiempo aparte para pensar o reflexionar, o la persona que quiere ayuda es demasiado exigente y la persona que brinda apoyo no ha dicho: ¡detente! Si bien esto generalmente sucede por amor, puede destruir las relaciones. Puede ser inevitable en algunos casos, pero si deseas que una relación continúe y crezca, debes respetar y tener compasión por los límites del otro.

Sean claros el uno con el otro, comuniquen cómo se sienten y escuchen a la otra persona. Si alguien te está apoyando y ayudando, asegúrate de tener tiempo para hablar sobre ellos y cómo se sienten, para que sepas que se está logrando el equilibrio. Si alguien se toma un tiempo para sí mismo, debes respetarlo.

Si puedes recordar esto, entonces deberías poder tener una relación positiva cuando tratas de pedir ayuda y apoyo a otras personas en tu vida. Sí, hay un gran paso que debes dar cuando se trata de pedir ayuda a los demás, y se necesita un gran grado de confianza para dar un paso adelante y aceptar lo que está sucediendo, pero si puedes hacerlo, puedes cambiar tu vida para siempre.

MÉTODO 12

Consejos de Estilo de Vida para Ayudarte a Superar la Ansiedad

Para concluir este capítulo, nos sumergiremos en un concepto final: ser proactivo en tu vida y tomar decisiones de estilo de vida que minimicen tu exposición a la ansiedad y condiciones de salud similares. Verás lo que quiero decir cuando comencemos a repasar las estrategias.

Ejercicio Físico

Ya has oído hablar de todos los beneficios que el ejercicio puede traer a tu vida, así que no lo repetiré. Cuando se trata de tratar la ansiedad, hacer ejercicio físico todos los días puede hacer maravillas para mantener los síntomas bajo control.

En pocas palabras, tu cuerpo fue hecho para moverse. Los estudios muestran que el ejercicio puede mejorar tu estado de ánimo, reducir la inflamación, la tensión corporal, la ansiedad, reducir el estrés, mejorar la circulación sanguínea, aumentar tus niveles de energía, mejorar tu capacidad de concentración y mucho más. Básicamente, desarrollar e introducir una rutina de ejercicios simple en tu vida puede cambiar tu vida.

Esto no significa que debas inscribirte en un gimnasio y comenzar a ganar músculos mientras tomas batidos de proteínas. Incluso si tu rutina de ejercicios es solo una caminata de 15 minutos por tu vecindario, esta acción aparentemente pequeña y simple puede hacer maravillas para tu salud mental.

Corregir tu Dieta

Tu dieta tiene un impacto tan significativo en tu vida, por las mismas razones de las que hablé anteriormente. Si comes una tonelada de comida chatarra y cosas que no tienen nutrientes, vas a sufrir y sentirte mal, lo que sólo desencadenará tus sentimientos relacionados con la ansiedad y el estrés.

Por ejemplo, beber mucho café, productos con cafeína como las bebidas energéticas o el alcohol pueden inducir sentimientos similares a la ansiedad y, si comienzan, se convertirán en una bola de nieve.

Establecer un Horario de Sueño

Dormir es vital, sin embargo, muchos de nosotros no tenemos un horario adecuado y muchos de nosotros vivimos vidas privadas de sueño. Esto es evidente a partir de innumerables estudios, como que el 35,2 % de los adultos estadounidenses duermen menos de las siete horas recomendadas por noche y más del 50 % de los estadounidenses dicen sentirse cansados todo el tiempo. El impacto de esto también es increíblemente claro.

Cada año se pierden alrededor de $ 411 mil millones en la economía debido a la falta de sueño, y se estima que las enfermeras que trabajan en turnos de 12,5 horas cometen tres veces más errores médicos que las enfermeras que trabajan en turnos de 8,5 horas. En los EE. UU., hay más de 6,000 accidentes automovilísticos anuales causados por conductores somnolientos. Con respecto a tu propia salud y bienestar, si no duermes lo suficiente, en pocas palabras, sufrirás por ello.

Una excelente manera de asegurarte de que estás obteniendo una cantidad de sueño adecuada y revitalizante es seguir las pautas y los consejos básicos para dormir. Hay muchas maneras que detallan cómo dormir lo mejor posible, pero aquí hay algunas reglas estrictas y rápidas que todos deben saber:

- Obtén más luz solar durante el día.

- Reduce tu exposición a la luz azul de las pantallas.

- No bebas productos con cafeína al final del día.

- Trata de evitar las siestas cuando puedas.

- Sé proactivo con el ejercicio regular.

- Intenta dormir y despertarte a la misma hora todos los días.

- Toma suplementos de melatonina.

- Prepara tu dormitorio para dormir (temperatura adecuada, cortinas opacas, etc.)

- Consigue una cama cómoda.

Estos parecen obvios, pero te sorprendería saber cuántas personas tienen una cama rota o un colchón viejo, y el efecto que esto puede tener en su capacidad para dormir, y todas las consecuencias negativas que se derivan de ello.

Empieza a Aceptar tu Ansiedad

Ya hemos tocado esto un poco, pero uno de los pasos más grandes que darás en tu vida es aceptar que tienes ansiedad y que te está causando problemas. Esta admisión significa que aceptas el hecho de que algo está pasando, pero muchas personas creen que la ignorancia es felicidad. Si no hay nada intrínsecamente malo, entonces todo debe estar bien. Pero, por supuesto, sabemos que ese no es el caso, y reprimir tus problemas solo hará que se amplifiquen más adelante.

Sin embargo, esto no significa que debas identificarte con tu ansiedad, o que hayas perdido toda esperanza o que haya algo mal en ti. Darse cuenta de que tienes tendencias a pensar demasiado (que ya tienes desde que abriste este libro) es un paso fantástico porque puedes comenzar a darte cuenta de qué otras áreas de tu vida pueden verse afectadas, y luego puedes hacer algo al respecto, o al menos ser más proactivo en el manejo de los síntomas. Hemos mencionado algunas formas de implementar este paso en tu vida, que incluyen:

- Hablar con un amigo o una persona de confianza sobre cómo te sientes.

- Investigando tus propias circunstancias en línea.

- Permitirte llorar.

- Encontrar la risa o la positividad en cualquier situación.

- Escribir un diario o empezar a escribir un blog.

- Buscar a otras personas que sientan lo mismo que tú.

Lidiar con la ansiedad es un proceso. No es algo que puedas chasquear los dedos y cambiar de la noche a la mañana, y dependiendo de tu situación, puede que no sea algo que realmente desaparezca. Sin embargo, no te desanimes. De hecho, aquí hay una oportunidad para sentir esperanza porque sabes que hay infinitas formas de ayudarte a ti mismo e incluso de ayudar a los demás. Se trata de pasar por el proceso en tu viaje y descubrir qué funciona para ti.

Sólo recuerda, puedes hacerlo.

Capítulo Cuatro

Métodos para Calmar una Mente que Piensa Demasiado

Ya hemos cubierto tanto el estrés como la ansiedad, detallando cómo afectan tu vida y cómo puedes lidiar con ellos y quizás incluso superarlos por completo. Sin embargo, si bien estas son las causas y los efectos del pensamiento excesivo, todos los cuales están entrelazados, es hora de abordar los problemas del pensamiento excesivo de frente.

A lo largo de este capítulo, analizaremos seis formas de inmersión profunda, que incluyen cómo pensar con claridad y con propósito, cómo superar una mente plagada de preocupaciones y miedos, y cómo enfocarnos en técnicas y estrategias para ayudar a liberarte de todos los pensamientos que te consumen. Intentaré que cada parte de este capítulo sea lo más factible posible, pero recuerda que el conocimiento es poder y cuanto más sepas, más herramientas tendrás en tu caja de herramientas para abordar los problemas de tu vida.

Comencemos con un clásico.

MÉTODO 13

Desarrollar el Hábito de Meditar

Ya hemos hablado de esto, pero la meditación es una herramienta increíblemente poderosa para contrarrestar todo tipo de problemas de salud mental que puedas enfrentar en tu vida. Ya sea que estés lidiando con una situación estresante, una persona intensa, un problema, o estés tratando de lidiar con tu ansiedad, la meditación es muy beneficiosa.

Sin embargo, hay algunos conceptos erróneos generalizados que debemos abordar. Primero, la meditación no es la cura. Si tienes un ataque de pánico o te sientes ansioso, no puedes simplemente meditar y esperar que todo se arregle. En cambio, la meditación es una práctica en la que aprendes a monitorear y tomar conciencia de tus pensamientos, sentimientos y emociones. Esta es la razón por la cual la práctica a menudo se denomina *mindfulness*. Es el proceso de volverse consciente de tu mente y pensamientos, en lugar de dejar que tu mente funcione en piloto automático.

Es la habilidad de ser consciente de tus pensamientos que solo se puede lograr a través del acto de meditación lo que te ayudará, no tanto el acto de meditación en sí mismo. Durante años, creí que las personas que se estresaban encontrarían un lugar tranquilo para sentarse y relajarse, cerrarían los ojos y todos sus problemas desaparecerían. Así no es cómo funciona. Al igual que todo lo demás en la vida, es una habilidad que debe practicarse para que funcione.

Además, la meditación no se usa para despejar la mente. Hay muy pocas personas que pueden cerrar los ojos y hacer que todos sus pensamientos desaparezcan. No funciona así. Tu cerebro siempre está pensando en algo. Ese es su trabajo, y habría algo malo en ello si no lo hiciera. Sin embargo, no eres tu mente, ni tus pensamientos, y el acto de meditación trata de descubrir eso.

Toma un Momento Ahora Mismo para Intentar Meditar.

Como se mencionó anteriormente, siéntate y siente el peso de tu cuerpo descendiendo hacia el suelo, y siente esa sensación de contacto con cualquier superficie en la que te encuentres, ya sea el suelo, la cama o la silla. Ajusta tu cuerpo para sentirte cómodo en esta posición y, una vez que alcances una posición estable, trata de quedarte quieto. Sigue enfocándote en ese punto de contacto y en esa sensación.

Ahora, tómate un momento para observar tus pensamientos. Si nunca has meditado antes, puede parecer extraño sentir este sentimiento de que puedes observar tus pensamientos. Así es como muchos gurús lo describirán. Te conviertes en el observador de tu propia mente. Al igual que sientes la sensación de conexión, pero no eres la sensación en sí misma, trata de hacer lo mismo con tus pensamientos.

Hay muchas maneras de hacerlo. Algunas personas aconsejan que te concentres en tus pensamientos y te concentres si estás tratando de descifrarlos, y otros prefieren dejarlos ir y venir sin prestarles mucha atención. Cuando estés comenzando, solo trata de ser consciente de los pensamientos. Cierra los ojos, respira hondo y concéntrate en esa sensación de peso.

Cuando notes que te pierdes en tus pensamientos y ya no te enfocas en las sensaciones, dite a ti mismo, *"Oh, estaba perdido en mis pensamientos. Está bien,"* y vuelve a centrarte en la sensación. Nuevamente, una vez que tu mente vuelva a pensar, obsérvala y retírate para concentrarte en el sentimiento.

Al principio, puedes encontrar que hay períodos prolongados en los que estás perdido en tus pensamientos, a veces durante varios minutos antes de darte cuenta de que no te estás enfocando en el sentimiento. Cuando comencé a practicar meditación, me sentaba e intentaba esta práctica exacta con un temporizador de diez minutos y fácilmente pasaba el 90% de este tiempo en mi cabeza antes de darme cuenta de lo que estaba pasando.

Volverse consciente de esta manera es una habilidad que necesita ser aprendida y practicada. Una vez que comiences a captar esta habilidad de darte cuenta de tus pensamientos, comenzará a extenderse a otros aspectos de tu vida. Incluso cuando no estés meditando, comenzarás a notar tus pensamientos y lo que estás pensando, tomando conciencia de tu pensamiento en lugar de pensar sin pensar.

Esto significa que cuando te encuentres con una situación difícil y estresante, o te sientas ansioso, o como si estuvieras pensando demasiado, notarás tus pensamientos en lugar de caer profundamente en ellos.

¿De qué sirve volverse consciente y reconocer tus pensamientos? Después de todo, no los vas a detener. Bueno, es lo que viene después. Conoces esos momentos en los que tienes un pensamiento realmente confuso, algo realmente oscuro y horrible, y piensas que si alguien supiera lo que estabas pensando en ese momento, probablemente te enviarían a alguna parte, y gracias a Dios que no lo sabes. ¿No piensas así todo el tiempo?

No te preocupes… todo el mundo tiene estos pensamientos de vez en cuando, y es porque pueden ser tan extremos que se destacan y te das cuenta de ellos. El pensamiento en sí es tan anormal que te detiene en seco, obligándote a ser consciente de él. ¿Entonces, qué haces a continuación? Bueno, observa el pensamiento y etiquétalo como un pensamiento extremo. No lo sigues, ni realmente haces nada con él. Solo dices que está bien, ese es un pensamiento extraño, y lo dejas ir.

Eso es exactamente lo que puedes hacer cuando piensas demasiado y tienes pensamientos estresantes y ansiosos. Los notas y dices, oye, ese es un pensamiento por pensar demasiado, y lo dejas ir. Dejar ir te ayudará a permanecer conectado y concentrado en el momento, en lugar de dejarte llevar por pensamientos y sentimientos. Todo está en la atención plena del proceso.

Si estás buscando comenzar, consulta los recursos enumerados en el Método 9, incluidas las aplicaciones y los sitios web, ya que pueden ser excelentes guías para ayudarte.

MÉTODO 14

Ser Capaz de Pensar Conscientemente

Ya sea que estés agregando a tu práctica de meditación o descubras que la meditación es para ti, este método trata de volverte capaz de pensar conscientemente de un momento a otro. De la misma manera que funciona la meditación, puedes volverte consciente de tus pensamientos y simplemente hacerlo a través de otros medios. Si bien abogaría por la práctica regular de la meditación como la mejor manera de pensar conscientemente, centrémonos en otras formas en que puedes introducirla en tu vida.

Por supuesto, practicar estas técnicas con tu práctica de meditación te ayudará a obtener más beneficios.

Completar Tareas Conscientemente

Una excelente manera de traer el pensamiento consciente a tu vida es prestar atención a cómo te sientes cuando pasas la aspiradora, lavas los platos o realizas cualquier tarea en la casa. Como se trata de tareas que realizas a diario, se convierten en rutinas habituales, que son caldo de cultivo para el pensamiento inconsciente. Sigues los movimientos de la tarea en lugar de concentrarte en lo que estás haciendo.

Entonces, cambia esto enfocándote en la tarea y pensando en lo que estás haciendo y cómo te sientes. Pregúntate, ¿te sientes agotado, sin inspiración o desinteresado?

Poner tu conciencia en el proceso es lo que implica el pensamiento consciente. Es lo que significa: concentrarte en lo que estás haciendo. Descubrirás que realizar tus actividades regulares puede ser agradable, especialmente porque estás concentrado, lo que reduce los riesgos de que puedas caer en viejos hábitos de pensamiento excesivo. Es posible que aún desprecies hacer las tareas del hogar, pero afortunadamente, te das cuenta de tus pensamientos en un momento en que el cerebro de la mayoría de las personas está en piloto automático.

Te sentirás más presente en la vida en lugar de ser un mero observador mudo si le devuelves sentido a tus tareas regulares.

Uso Consciente de la Tecnología

Seamos realistas; muchos de nosotros tenemos una relación inconsciente con la tecnología. Incluso mientras escribía esta oración, me acerqué y agarré mi teléfono, abrí Instagram, desplacé dos o tres imágenes hacia abajo y luego me di cuenta de que lo había hecho sin pensar.

Cuando usas tu teléfono o computadora, ¿cómo pasas la mayor parte de tu tiempo? ¿Es navegar por Facebook e Instagram durante horas, revisar el correo electrónico constantemente, mirar YouTube o comprar nuevos aparatos o ropa? Muchas personas pierden horas en las redes sociales y otros sitios web improductivos todos los días sin darse cuenta.

Practica la atención plena con tu tecnología y verás grandes mejoras en todas las demás áreas de tu vida. Puedes hacer esto limitando la cantidad de tiempo que pasas en tus dispositivos, estableciendo límites, eliminando aplicaciones en las que no quieres perder el tiempo, no usando tu teléfono antes de acostarse, instalando bloqueadores de sitios web, etc.

Básicamente, tu objetivo es tomar el control de tu relación con la tecnología en lugar de dejar que inconscientemente tome el control de tu vida. Es este tipo de disciplina y conciencia lo que se extenderá a otras áreas de tu vida.

Introducir la Alimentación Consciente

¿Con qué frecuencia prestas atención a lo que comes? Si eres como la mayoría de las personas, probablemente no tanto. Es mucho más probable que dediques tu tiempo a tragar tu comida mientras lees, ves las noticias o juegas en tu teléfono que enfocándote en las sensaciones de comer en sí. Muchos de nosotros realmente no disfrutamos nuestra comida tanto como podríamos debido a esto, lo que lleva a hábitos alimenticios inconscientes, como comer mucha comida para llevar, bocadillos y comida rápida.

¿Comes alimentos que te dan vida y nutren tus células, o alimentas a tu cuerpo con comidas procesadas cargadas de químicos con poco o ningún valor nutricional? Cuando vives una vida acelerada, es demasiado simple conducir hasta el restaurante de comida rápida más cercano y elegir la conveniencia sobre la nutrición, pero es posible que ni siquiera te des cuenta de la frecuencia con la que lo haces.

Puedes optar por comer más frutas y verduras enteras y frescas en lugar de comida rápida o cenas congeladas. Puedes cambiar tus hábitos y lo que comes puede ser saludable o no saludable.

Considera lo que estás a punto de comer antes de tragarlo. Una de las partes más fundamentales del pensamiento consciente es la alimentación. Al igual que la meditación, prestar atención a tu comida te permite entrenar tu enfoque, lo que solo te ayudará a aplicar este enfoque en otras áreas de tu vida.

Además, ¡vas a empezar a disfrutar mucho más de la comida!

Sal de tu Zona de Confort

No hay mejor manera de poner a prueba tu mente y espíritu que llevarlos a un nuevo territorio. Excitas tu alma e invalidas los hábitos de pensamiento negativos al intentar algo nuevo. No hay mejor manera de hacer que tu mente piense conscientemente que ponerla en una posición en la que necesites concentrarte en lo que estás haciendo y en cómo seguir adelante.

Es tan fácil pasar gran parte de nuestra vida en la zona de confort, haciendo lo que sabemos mientras nos movemos en territorios seguros. Ponerse en situaciones difíciles te permite aprender las habilidades necesarias para hacer frente a situaciones estresantes. Por supuesto, esto requiere un poco de confianza y un acto de fe, pero lo tienes en ti; solo necesitas dar ese paso y disfrutar el proceso. Tómate tu tiempo y deja que las cosas crezcan. No puedes esperar resultados de inmediato.

Un ejemplo de esto podría ser dar un discurso en un evento especial como una boda.

Es posible que te aterrorice la reacción de los demás, pero al aceptar tus ansiedades, puedes desarrollar nuevos patrones de pensamiento que promuevan el optimismo y la confianza en lugar de la desesperación y la ansiedad. Puedes practicar el pensamiento positivo antes de subir al escenario.

Puedes transformar las frases *Mi discurso no es lo suficientemente bueno; todos lo odiarán, y estoy demasiado nervioso para hablar en el escenario. Compuse este discurso desde mi corazón, por lo que no puede ser horrible, y soy completamente capaz de leer este discurso a todos en esta sala.*

Sigue practicando estas técnicas e introdúcelas en tu vida donde puedas, pero no tengas miedo de ser creativo. Si quieres contestar correos, caminar por tu casa, darte una ducha o tomar conciencia en cualquier otro aspecto de tu vida, hazlo.

MÉTODO 15

Cómo Usar el Entrenamiento TCC

Probablemente hayas oído hablar de la TCC (Terapia Cognitiva Conductual). Su práctica ha ocupado un lugar central en los últimos años dentro del mundo de la salud mental como uno de los tratamientos más efectivos para ayudar a las personas a pensar conscientemente, superar las tendencias a pensar demasiado y mejorar la salud mental en general.

Esta es una práctica difícil y puede ser complicada al principio. Como hemos discutido, todos tus pensamientos están conectados de la misma manera que pensar demasiado está relacionado con el estrés y la ansiedad, o puede ser un concepto independiente. La TCC trata de explorar esta conexión. Una vez que tengas algún tipo de comprensión, podrás avanzar en tu vida, libre de obstáculos o patrones de pensamiento que alguna vez te detuvieron.

Se necesita tiempo para desarrollar las habilidades, por lo que debes ser paciente contigo mismo y darte tiempo para desarrollar tus habilidades. En algunos casos, es probable que necesites asistencia profesional, ya sea de un terapeuta, consejero o psicólogo con licencia.

Esto es en lo que nos centraremos ahora. Estas técnicas de TCC se pueden practicar en casa y las exploraremos paso a paso. Entonces, entremos en la primera parte.

Cambiar tus Perspectivas

Existe una técnica conocida como Reestructuración Cognitiva, que es muy efectiva a la hora de cambiar tus perspectivas y puntos de vista sobre la vida. Esto se relaciona con mucho de lo que ya hemos dicho en términos de pensamiento negativo, pensamiento excesivo y cómo lidiar con la depresión, la ansiedad y otras condiciones similares.

El proceso es simple. La próxima vez que te sientas deprimido, ansioso o atrapado en un ciclo de pensamiento excesivo, hazte esta pregunta:

¿Qué estás pensando, haciendo o sintiendo que te hace sentir como te sientes? ¿Hay algo con lo que estés luchando en tu vida que te esté causando angustia?

Puede ser obvio por lo que estás pasando (tal vez está sucediendo un evento que cambia tu vida), o tal vez las respuestas son menos obvias. Tal vez nada te venga a la mente de inmediato, o algunas cosas sí, pero no estás realmente seguro de cuál es. El truco aquí es escribir todo lo que estás pensando, incluso si es solo una lista.

Mira estos aspectos de tu vida, ve cómo se unen y los vínculos entre los pensamientos. De esta manera, encontrarás tus factores desencadenantes, lo que te permitirá comenzar a cambiar tu perspectiva. Ya sea que quieras dejar de preocuparte tanto por algo o quieras ser proactivo para hacer un cambio en tu vida, esta es una excelente manera de hacerlo.

Esto puede ser largo y complicado. Para mí, durante mis años de juventud y de adolescencia, siempre tuve un problema con el dinero. Gastaba sin parar, nunca ahorraba y terminaba teniendo constantes sobregiros. Pero no sabía por qué me hacía esto. Quería ahorrar y tener seguridad financiera, pero no podía. ¿Por qué me hacía esto?

A través de la TCC, pude darme cuenta de que cuando era niño (que es un momento de tu vida en el que también surgirán muchos de tus problemas), mis padres siempre discutían sobre el dinero y los problemas financieros, así que crecí viendo el dinero como un problema. De una manera extraña, en su mayoría inconsciente, no quería tener dinero porque lo veía como algo negativo en la vida debido a mis experiencias de la infancia. ¡Cuando me di cuenta de este proceso de pensamiento, pude cambiar mi perspectiva y finalmente cambiar mi vida!

Encontrar el Balance

Pensar demasiado y otros problemas de salud mental generalmente son causados por un desequilibrio en el pensamiento, y lo más probable es que los pensamientos que experimentas en los peores momentos sean defectuosos debido a esto. Estarás pensando y enfocándote en un solo punto específico sin la capacidad o la percepción para ver el panorama general. Esto provoca el desequilibrio y, por lo tanto, comienzan los problemas, especialmente cuando estás tomando decisiones con este estado de ánimo.

Por ejemplo, si crees que estás nervioso al hablar frente a una multitud de personas y dices, *No podría hablar con un grupo grande de personas, estaría tan nervioso*, por supuesto, vas a pensar de esta manera. Si alguna vez te encuentras en una posición en la que necesitas hablar frente a un grupo grande, te sentirás nervioso y aterrorizado.

De ahí en adelante, cada vez que te encuentres en la misma situación, solo estarás reforzando ese punto de vista, metiéndolo más profundamente en tu mente. Sin embargo, volviendo a la realidad, la verdad es que es posible que no tengas miedo de hablar frente a una multitud, simplemente te has dicho a ti mismo que lo tienes. Este es el quid del pensamiento desequilibrado.

Observa cómo tu cerebro racionaliza las decisiones tomadas por miedo o por evasión, y pregúntate, *"¿Qué evidencia tengo para tener ese pensamiento? ¿Hay alguna evidencia objetiva de que las cosas saldrán mal, o simplemente estoy adivinando?"*

Considera si alguna otra idea sería más equilibrada o beneficiosa. ¿Qué nuevos sentimientos surgirían si ajustaras tu proceso mental para tener menos miedo o ser menos negativo? Si intentas mejorar el equilibrio de tus ideas, es probable que tus emociones y comportamientos también mejoren.

Aprende a Ser Amable Contigo Mismo

Es increíblemente fácil quedar atrapado en un diálogo interno negativo sin darte cuenta, especialmente cuando estás pasando por el proceso de TCC y te encuentras con un obstáculo, tienes un día difícil o te equivocas, y te pierdes en ciclos antiguos cuando crees que estás progresando. Sin embargo, regañarte repetidamente no te infundirá la confianza necesaria para ayudarte a mejorar en nada.

Reemplaza los pensamientos negativos con algo más amable cuando los veas acercándose, como, *"¿Por qué no puedo simplemente arreglarlo?"* o *"Otras personas no tienen esta dificultad."* por pensamientos como, *"Me estoy enfocando en eso, así que puedo hacer algo al respecto",* o *"Estoy en mi camino y estoy aprendiendo a lidiar con estas cosas. Solo se necesita tiempo y una mente abierta, los cuales tengo."*

Esto no quiere decir que debas excusarte cuando cometiste un error o hiciste algo mal; en cambio, es para decir que debes darte la gracia que generalmente guardas solo para los demás.

Resumen de la TCC

Básicamente, este es el proceso de la TCC. Para resumir, es el proceso de darse cuenta de tus pensamientos, darles pensamientos de reemplazo y luego pasar por este proceso repetidamente, encontrar los pensamientos limitantes u opresivos que te están frenando y luego reemplazarlos con nuevas formas de pensar. Como sugiere el título de este libro, estás reconfigurando activamente tu mente para dejar de pensar demasiado y tener una mentalidad más positiva.

Si deseas desglosarlo un poco más y hacerlo un poco más memorable, muchas personas recuerdan los cinco pasos de la TCC, que son los siguientes:

- Encuentra áreas problemáticas, angustiosas o incómodas de tu vida.

- Toma conciencia de los pensamientos, sentimientos y emociones relacionados con esas situaciones.

- Encuentra las áreas negativas o limitantes dentro de esos patrones de pensamiento.

- Modela esos pensamientos y reemplázalos por otros más beneficiosos.

- Repite el proceso a lo largo de tu vida.

Lo diré una vez más, pero cuanto más practiques algo, mejor te volverás, y es lo mismo con la TCC. Es un proceso continuo que te ayuda constantemente a evaluar y mejorar partes de tu vida, especialmente en áreas en las que estás pensando demasiado. Si necesitas orientación, hay muchos recursos en línea, o puedes buscar ayuda de un profesional.

MÉTODO 16

Cómo Lidiar con los Miedos y las Preocupaciones

El miedo es una creencia limitante. También lo es la preocupación y la ansiedad. No importa de qué estés asustado, ya sea físico, una situación o experiencia, una persona o cualquier otra cosa, la gran mayoría de las veces, estos miedos son irracionales o se vuelven irracionales y terminan frenándote.

Una vez conocí a una niña en mi vecindario que fue mordida por un perro y estuvo aterrorizada por los perros la mayor parte de su vida. Muy comprensiblemente. Esa es una experiencia muy traumática. Sin embargo, sólo porque un perro te mordió cuando eras más joven, eso no significa que todos los perros que conozcas te morderán. Es un incidente muy aislado y muy poco probable que vuelva a suceder.

Por lo tanto, este miedo a los perros se convierte en una creencia limitante que podría, de muchas maneras, frenarte, como si una posible pareja tuya quisiera tener un perro. Ya sea que estés enfrentando un miedo traumático o una fobia cotidiana, como el miedo a las arañas, o estés preocupado por algo, como una próxima conversación difícil con un amigo, hay miedos y preocupaciones (los cuales llevan a pensar demasiado) que se pueden abordar, reconocer y superar. Este capítulo analiza algunas de las formas en que puede hacer precisamente eso.

Enfrentando tus Miedos

Cuanto más piensas en algo, más lo crees, independientemente de si es cierto o no. Lo mismo se aplica a los miedos y preocupaciones. Si no enfrentas tus miedos, entonces estás consolidando el hecho de que tienes miedo de lo que sea que le tengas miedo, lo que en última instancia empeora el miedo. Sí, da miedo enfrentar tus miedos, pero cuanto más lo hagas, más rápido y más fácil lo superarás.

Por ejemplo, si le tienes miedo a las arañas y hay una araña en tu casa que no quieres sacar afuera, entonces al menos debes intentar sacarla. Claro, es posible que no lo consigas la primera vez, pero cuanto más lo intentes eventualmente, podrás hacerlo, y más temprano que tarde, podrás superar tu miedo.

Practica una Técnica de Relajación

Ya hemos hablado de técnicas de relajación muscular como la RMP, la meditación, etc. Si te sientes preocupado, temeroso o asustado, practicar una de estas técnicas es una excelente manera de ponerte a tierra y detener el pánico. Por supuesto, la técnica anterior sobre enfrentar tus miedos probablemente no sea lo que quieres escuchar, pero es esencial si quieres superar el obstáculo.

Lo que puedes hacer es combinar estas dos técnicas y, cuando estés comenzando el proceso de enfrentar tu miedo, practica una técnica de relajación para calmarte antes de seguir adelante.

Digamos que estás abordando el problema de las arañas en tu hogar. Cuando sabes que hay una oportunidad para enfrentar tus miedos, la mente que piensa demasiado, por supuesto, entra en acción y comienza a hacer lo suyo, lo que solo hará que entres en pánico y te asustes aún más. Como hemos discutido, puedes interrumpir estos patrones de pensamiento reconociéndolos y luego calmándolos con una técnica que te funcione.

Cuando estés en un estado mental tranquilo y sereno, podrás enfrentar tu miedo y superarlo a tiempo.

Tómate el Tiempo para Conocerte

Habrá desencadenantes en tu vida de cosas que te asustarán y preocuparán, y habrá cosas que puedes hacer para sentirte mejor y aliviar dichos temores. Sin embargo, esto sólo es posible si te tomas el tiempo de manera proactiva para conocerte a ti mismo y reconocer cómo funciona tu mente. Es por eso que muchas personas recomiendan escribir un diario, ya que estás creando el tiempo para aprender sobre ti mismo y un espacio seguro para reflexionar.

Sin embargo, si sientes que tienes miedos específicos que realmente te están frenando, no necesitas llevar un diario completo. Digamos que tienes miedo de hablar en público, pero aun así es algo que debes hacer. Puedes tener una hoja de papel en tu bolsillo con un mensaje simple que diga que todo está bien y que esto es algo que puedes hacer. Con solo saber que está ahí, te sentirás más tranquilo y sabrás que eres capaz.

Incluso tener una pequeña nota que diga algo aparentemente pequeño como *tú puedes hacerlo* puede ser suficiente para motivarte a dar ese paso de enfrentar tus miedos. Si lo necesitas, haz que alguien en quien confíes escriba la nota. Realmente no importa el qué; lo que importa es que vayas encontrando las pequeñas soluciones que te ayuden a seguir adelante.

Define tu Propósito

Enfrentar tus miedos se vuelve más fácil cuando te tomas el tiempo para identificar tu propósito para hacer algo. Hablar en público, por ejemplo, no es para todos, y algunas personas lo evitarán toda su vida. Sin embargo, si deseas tener éxito en una carrera que requiere hablar en público, debes superar tu miedo a hablar en público.

Pregúntate qué quieres más. ¿Quieres tener éxito y superar tu miedo, o quieres quedarte donde estás y potencialmente perderte la carrera de tu vida porque no pudiste avanzar? Poner una araña afuera o no subirse a un ascensor porque tienes miedo puede no parecer un gran miedo que debas superar. Pero eso no podría ser menos cierto.

Encuentra tu significado en superar tus miedos, haciendo que el proceso sea mucho más fácil y efectivo. Por ejemplo, es posible que no te interese superar tu miedo a las arañas por ti mismo, pero si tienes hijos que son susceptibles de copiar las acciones de sus padres, ¿quieres que tus hijos les tengan miedo? La razón para abordar este miedo sería permitir que tus hijos crezcan sin este miedo.

Encontrar significado, positividad y propósito en tus acciones puede ayudar dramáticamente a motivarte. Con eso, llegamos al final de este pequeño capítulo. En resumen, si tienes miedo de algo en tu vida, lo mejor que puedes hacer es apoyarte en él y enfrentarlo. Eso es difícil, al principio, pero superar un miedo es algo que puede ayudarte en tu vida.

MÉTODO 17

Buscar Terapia

Si sientes que estás viviendo con un miedo que te está frenando gravemente y que te impide vivir la vida que deseas, especialmente si has intentado hacer algo al respecto pero pareces incapaz de lograr un progreso significativo, entonces es hora de buscar ayuda profesional. Esto podría ser en forma de asesoramiento, consulta con un terapeuta o un psicólogo.

Mucha gente habla de lo difícil que es empezar la terapia, pero es bastante sencillo. Eliges un terapeuta y te pones en contacto con él. Hablas sobre lo que quieres hablar, ves si haces clic y luego comienzas a tener sesiones. Las sesiones de autoayuda como esta pueden tomar un poco de tiempo para despegar y comenzar a ver algunos beneficios. Es posible que debas derribar algunas de tus paredes internas y atascarse en algunos temas más difíciles antes de comenzar y comprenderte a ti mismo y tus miedos. Una vez que tengas comprensión, puedes comenzar a trabajar en ellos, ya sea que estés reconfigurando tu pensamiento y patrones de pensamiento o superando activamente el miedo.

Entonces, comenzar es fácil, pero no es un proceso fluido. Este capítulo trata de compartir algunos consejos que he recopilado de la investigación, las experiencias personales y las experiencias de otras personas en mi vida para ayudar a que el proceso sea lo más sencillo posible y para que aproveches al máximo tu experiencia.

Tómate el Tiempo para Encontrar al Profesional Adecuado

No todos los terapeutas son iguales, y son humanos. Si empiezas un tratamiento, toma algunas sesiones para ver si haces clic, pero si no haces clic y te sientes incómodo o sientes que no te funciona, pide una referencia o busca otro profesional. Los terapeutas esperan que esto suceda, así que no te sientas mal. Recuerda, se trata de hacer tiempo para ti y mejorar, lo que significa hacer cosas que te funcionen.

Si estás con un terapeuta y no funciona la primera vez, no significa que la terapia no sea para ti y que debas rendirte. Tómate tu tiempo para encontrar al profesional adecuado.

Asegúrate de Ser Honesto

No sacarás el máximo provecho de la ayuda profesional si no eres honesto. Claro, es posible que desees tomarte tu tiempo antes de abrirte a un extraño, pero un buen terapeuta será honesto contigo para ayudarte a construir una relación en la que puedas ser tú mismo y hablar abiertamente sin censura.

Si estás en una sesión en la que te encuentras mintiendo o no siendo completamente honesto sobre algo, debes preguntarte por qué lo haces. ¿Qué te detiene y qué debes hacer para superarlo?

Lleva su Tiempo

Una creencia común que muchas personas tienen sobre la terapia es que cuando estás en una sesión, abordarás un tema difícil que te hará querer llorar frente a un extraño. Esto es totalmente posible, pero es importante recordar que si bien la terapia puede ser difícil en este sentido, es gratificante y lleva tiempo ver los resultados.

Existe la posibilidad de que las cosas sean difíciles antes de que mejoren, pero como todo lo demás que hemos discutido en este libro, ser proactivo en dar ese salto de fe que traerá beneficios a tu vida y que pueden cambiar tu vida para siempre.

Necesitas tener paciencia contigo mismo y con el proceso. Toma tiempo. Pueden pasar semanas o meses antes de que te sientas mejor, pero cuando consideras que probablemente estés tratando de lidiar con traumas y problemas a los que te has estado aferrando durante años o décadas, tiene sentido por qué puede tomar tanto tiempo.

No es un Proceso Egoísta

Cuando tuve sesiones de terapia, pensé repetidamente en lo egoísta que era ir a la oficina de esta persona y solo hablar sobre mí y mi propia vida durante una hora a la semana. Mi lado compasivo quería hablar sobre la vida de mi terapeuta y lo que estaba pasando.

Sin embargo, como me recordó amablemente, no hubo otro momento en mi vida en el que haya tenido la oportunidad de sentarme y hablar con alguien con tanto detalle como lo hicimos nosotros, especialmente en un espacio que promovía la confianza, la apertura y la honestidad.

Cuidarse a uno mismo no es egoísta. No hay forma de que puedas mostrarte en tus otras relaciones o en cualquier parte de tu vida como la mejor versión de ti mismo si no dedicas tiempo a convertirte en la mejor versión de ti mismo.

Un Apartado sobre el Dinero

Antes de terminar esta sección, debemos hablar sobre el dinero porque la terapia o cualquier tipo de ayuda profesional puede ser costosa, cosa que tiene sentido. Convertirse en terapeuta requiere miles de horas de capacitación y años de educación, y si a los terapeutas no se les paga por hacer su trabajo, no pueden brindar el servicio.

Sin embargo, existe el inconveniente de que no todos pueden pagar el servicio y, si te encuentras en esta posición, puede ser una decisión difícil de tomar. ¿Quieres gastar dinero para ayudarte a ti mismo a mejorar pero vivir financieramente más ajustado mientras tanto, o simplemente continuar como estás? Si tienes problemas de dinero o tienes una familia que cuidar, esta no es una decisión fácil en ningún sentido de la palabra.

Lo mejor que puedes hacer es enlazar con lo que ya hemos discutido. Necesitas encontrar proactivamente un terapeuta que se adapte a tus necesidades. Encuentra uno con el que te lleves bien y con el que puedas ser abierto y honesto, pero también asegúrate de que el costo esté dentro de tu presupuesto. Habla con el terapeuta para ver qué puede hacer por ti y así encontrar una solución que se adapte a ambos.

Con eso, llegamos al final del Capítulo Cuatro y nuestro viaje para superar los miedos y las preocupaciones con las que podemos estar viviendo. De hecho, esto nos lleva al final de esta sección que trata los problemas con los que estás viviendo cuando se trata de estrés, ansiedad y pensar demasiado, y ahora vamos a cambiar el rumbo y pasar a cómo puedes seguir adelante con tu vida. Has emprendido el camino para superar tus problemas, y ahora es el momento de concentrarte en las nuevas áreas a las que te diriges.

Capítulo Cinco

Métodos para Ser Feliz y Reconfigurar tu Mente

La última parte de tu viaje consiste en dar pasos para convertirte en la persona que quieres ser. Dejar atrás y salir de la parte vieja, pensativa, ansiosa o nerviosa de ti mismo, y aprovechar la oportunidad única de convertirte en quien quieras ser. Si bien esto significa diferentes cosas para diferentes personas, el principal consenso es que las personas quieren ser felices, más saludables y estar en paz con las cosas que suceden en sus vidas.

Este capítulo trata de proporcionarte las herramientas que necesitas para entrar en esta versión de ti mismo. Estas son estrategias probadas para ayudar a mejorar el bienestar, la autoestima, la confianza en uno mismo, la felicidad, la sensación de paz y mucho más. Cuando estés listo para comenzar esta parte de tu viaje, este capítulo está aquí para ti.

MÉTODO 18

El Arte de Ayudar a Otros que Termina Ayudándote

Si bien muchas guías, artículos y libros de autoayuda detallarán las cosas que puedes hacer para ayudarte a ti mismo y llegar a un lugar mejor, la verdad es que una de las mejores maneras de ayudarse a uno mismo es ayudar a los demás. Al ayudar a los demás, te haces responsable de ellos y de sus necesidades y te conviertes en una persona valiosa en el proceso.

¿Recuerdas la discusión sobre nuestros antepasados que vivían en cuevas? Resumen rápido: si vivieras solo y te lastimaras o enfermaras, no durarías mucho en la naturaleza. En cambio, trabajar juntos significa que las personas pueden sobrevivir en tiempos más difíciles y prosperar, dividiendo el trabajo entre las personas o cuidándose unos a otros. La carga siempre es más ligera cuando se comparte.

Hemos recorrido un largo camino desde entonces y aunque estar solo y trabajar para uno mismo no es realmente una cuestión de vida o muerte, nuestro instinto de ser valioso y ayudar a los demás con compasión sigue siendo una parte muy importante de lo que somos y está arraigado en nuestra genética. Eso significa que ayudar a alguien aún traerá las mismas recompensas naturales que tenía entonces. Los seres humanos son básicamente seres con software de computadora antiguo y desactualizado que viven en un mundo moderno.

Algunos de los beneficios probados y más investigados de ayudar a otros incluyen:

- Te hace sentir bien y libera químicos para sentirse bien.

- Trae propósito a tu vida.

- Fomenta el sentido de pertenencia.

- Te da perspectiva en la vida de los demás.

- Creas un efecto mariposa en el que las personas a las que ayudas querrán ayudar a los demás.

- Reduces la sensación de estrés y ansiedad.

- Fomentas relaciones más sanas y comprometidas entre otras personas.

- Desarrollas un pensamiento más positivo.

Con tantos beneficios potenciales, ¿cómo puedes ayudar a otros de manera proactiva? Veámoslo juntos.

Ofreciendo tu Tiempo a los Demás

La forma más tradicional de ayudar a los demás es ofrecer activamente tu tiempo como voluntario, lo que comienza con la búsqueda de oportunidades. Podrías ofrecer tu tiempo como voluntario para una organización benéfica o una causa. Si alguien organiza una fiesta, se muda de casa o busca ayuda con sus estudios, puedes ofrecerte para ayudarlo. Esto es todo lo que necesitas hacer para empezar.

Esto se conoce comúnmente como servicio comunitario, y hay muchas oportunidades. Solo tienes que buscarlos. Estos podrían incluir causas como trabajar en un refugio de animales, ser voluntario en un banco de alimentos o simplemente ayudar a un amigo a mover un sofá. Si tienes dificultades para encontrar algo, intenta comunicarte con personas y organizaciones como bibliotecas, universidades y refugios de animales para ver qué oportunidades tienen disponibles.

Pregúntale a la Gente qué Necesita

El siguiente paso es crear oportunidades para ayudar a otros. Muchas personas no quieren pedir ayuda porque no quieren parecer necesitados o como si se estuvieran aprovechando de las personas. Algunas personas no quieren pedir ayuda porque no quieren admitir que la necesitan. Puedes superar este estado de ánimo cuando ofreces ayuda y le preguntas a alguien lo que necesita, rompiendo esa barrera inicial de incomodidad al preguntar.

No necesitas preguntar si todos necesitan ayuda todo el tiempo, pero debes estar atento a las oportunidades disfrazadas. Por ejemplo, visité la casa de mis padres y les entregaron algunos ladrillos que iban a colocar alrededor de su estanque. El palet fue dejado en el camino de entrada, y cuando llegué y descubrí lo que eran, les pregunté si querían que los ayudara a llevarlos al área del estanque. Ellos aceptaron y yo ayudé. Eso es todo.

Después de cenar, mi madre recogió los platos y comenzó a lavarlos, así que le pregunté si quería ayudarla a secarlos y guardar todo. Pequeñas acciones como esta crearán vínculos fuertes y significativos con las personas y le darán propósito y significado a tu vida. Con propósito y significado viene la paz y la felicidad.

También podrás encontrar más oportunidades para ayudar a las personas si escuchas más a las personas. Escucha lo que dicen, trata de no juzgar y préstales toda tu atención. Es a través de escuchar que podrás descubrir con qué luchan las personas, lo que te permitirá detectar oportunidades para ayudar.

Compartir es Demostrar Interés

De lejos, una de las formas más simples de ayudar a las personas es compartir lo que tienes, y esto no significa sólo compartir tus posesiones. Significa poner a las personas primero en tu mente para hacerles saber que estás pensando en ellos y en su bienestar. Por ejemplo, gestos aparentemente pequeños como abrirle la puerta a alguien u ofrecerle una taza de café cuando te lo haces tú mismo pueden alegrarle el día y hacer que se sienta apreciado.

Mantén los ojos abiertos para oportunidades inesperadas de mostrar bondad. Esto puede requerir un poco de práctica, pero seguramente te hará desarrollar una mentalidad bondadosa, cálida y amorosa hacia otras personas, y es probable que te saque de tu cabeza y te haga pensar en los demás, por lo tanto, menos pensamiento excesivo ¡y más felicidad!

En resumen, básicamente quieres ir por la vida entrenando tu mente para buscar oportunidades para ayudar a los demás. Por supuesto, no querrás hacer esto en tu propio detrimento. Si necesitas concentrarte en ti mismo y en tu propio bienestar, esto debe ser una prioridad, pero siempre es una buena idea pensar en cómo puedes lograr un equilibrio con este tipo de proceso de pensamiento.

MÉTODO 19

Convertirse en una Persona Social

No entres en pánico. No te estoy pidiendo que te conviertas en la persona extrovertida más carismática del mundo, o que seas amigo de todos para alcanzar la felicidad. Cuando digo convertirse en una persona social, me refiero a abordar el arte de ser social de la misma manera que una mariposa vive su vida. Cuidadosa, ligera y con gracia. Déjame explicarte.

Todos se sientan en algún lugar en la escala de ser introvertidos a extrovertidos. Si eres introvertido, no te obligues a convertirte en la persona más habladora que puedas ser porque fingirás ser alguien que no eres y te agotarás en situaciones sociales. En tu lugar, aprende quién eres tú y qué situaciones funcionan mejor para ti.

Tómate un momento para pensarlo. ¿Eres introvertido o extrovertido? ¿Prefieres estar en grandes grupos de personas con muchos amigos, o prefieres tener un pequeño grupo de amigos dedicados entre sí? Lo que sea que funcione para ti, descúbrelo y luego inclínate para hacer de esas relaciones lo que quieres y necesita que sean.

Ser social de la manera que mejor funcione para ti traerá muchos beneficios científicamente probados a tu vida, que incluyen:

- Reducción de los sentimientos de soledad, aislamiento, estrés, ansiedad y depresión.

- Mejora de la condición de salud mental.

- Presión arterial reducida.

- Reducción del riesgo de Alzheimer, diabetes y, en general, mejora de la salud física.

- Mejora tu calidad de vida.

- Promueve un sentido de propósito.

- Mejora tus niveles de confianza y autoestima.

Hablemos de cómo puedes estar más conectado en tus relaciones existentes.

Esfuérzate en ser un mejor oyente

Desarrollar tus habilidades para escuchar es una de las habilidades más importantes que puedes tener como ser humano porque te permite comunicarte con los demás correctamente, te da una idea de lo que están diciendo y te permite formar conexiones correctamente. Muchas personas pasan por su vida cotidiana sin escuchar correctamente y, en cambio, se pierden en sus propios patrones de pensamiento excesivo.

Cuando estés conversando con alguien, tómate un momento para averiguar si realmente lo estás escuchando y trata de notar cuándo tus pensamientos comienzan a desviarse y a perder el enfoque. Luego respira hondo y presta toda tu atención a esa persona. Otros consejos incluyen:

- Enfréntate a alguien y haz contacto visual con él.

- Minimiza las distracciones, como no usar tu teléfono cuando están hablando.

- Mantén la mente abierta y no juzgues.

- No fuerces las soluciones a alguien, pero escucha sus problemas.

- No interrumpas

- Repite lo que alguien está diciendo con tus propias palabras para demostrar que has escuchado lo que están diciendo.

Haz Preguntas

Una de las mejores maneras en que puedes fomentar una relación sólida con alguien es hacerle preguntas sobre lo que está diciendo. Puedes usar esta técnica de diferentes maneras. Por ejemplo, si alguien está hablando de algo y realmente no entiendes lo que está diciendo, puedes pedirle que lo clarifique reformulando lo que está diciendo. Otro ejemplo sería si alguien está hablando de algo que le interesa y que claramente quiere compartir, pero no quiere seguir hablando de sí mismo. Hacer una pregunta en esta situación demuestra que estás interesado en lo que tienen que decir y los alienta a continuar

Crea recuerdos juntos

Al desarrollar relaciones con las personas, querrás crear recuerdos que te acerquen más. Los recuerdos positivos como hacer un viaje con alguien, ir al cine, jugar juegos o simplemente pasar el rato y tener conversaciones agradables o reír juntos son excelentes maneras de hacer esto. Sin embargo, en lugar de enfocarse en hacer que estas cosas sucedan, concéntrate en crear las oportunidades para que esto suceda.

Esto significa que necesitas organizar y planificar reuniones y eventos para que tú y tus seres queridos disfruten. Aquí es donde vale la pena conocerse a uno mismo. Si eres introvertido, planea reuniones íntimas. Y si eres extrovertido, siéntete libre de hacer algo un poco más público.

Debes Estar Libre de Juicios

Es esencial que abordes cada interacción con una mente abierta. Todos tenemos juicios precondicionados que nublan nuestro juicio, pero estos solo te mantendrán desconectado de otras personas. Si alguien dice algo y ya tienes opiniones sólidas sobre el tema de conversación o la persona, terminarás sin escuchar realmente porque ya crees que sabes lo que está diciendo y forzarás tus propias opiniones.

Relájate y da un paso atrás. Trata de abordar cada situación con una mente abierta y escucha a las personas. Esto no solo te ayudará a comprender a las personas, sino que también es una habilidad preciosa que puede beneficiarte en todas las situaciones sociales, ya que podrás lidiar con cualquier persona.

Conecta con la Gente Correcta

Lo último que debes recordar: debes asegurarte de invertir tu tiempo con las personas adecuadas y no desperdiciar tu energía en personas que no te sirven. Probablemente ya sepas que estoy hablando de personas tóxicas en tu vida, y ha habido un punto en la vida de todos en el que hemos tenido personas tóxicas que se quedan demasiado tiempo.

Ten en cuenta que esto no significa que todas las personas sean intrínsecamente tóxicas, pero tal vez simplemente estén pasando por algo y no lo estén enfrentando de manera saludable, o tal vez no tengas buenos límites con esta persona, y se ha convertido en una relación desequilibrada que te está haciendo más mal que bien.

Es importante tomar decisiones en tu vida sobre dónde y en quién gastas tu energía. Si le estás prestando mucha atención a alguien que no está equilibrado y la relación no se siente saludable, entonces debes explorar esto y tomar una decisión. No estoy diciendo que necesitas eliminar a las personas de tu vida. Por supuesto, esa es una opción, pero es más importante distanciarse un poco, crear límites, decirle a la otra persona cómo te sientes y trabajar para abordar los problemas.

Si estos intentos son en vano, puede que decidas seguir adelante e invertir tu tiempo en otras relaciones que sean más equilibradas y beneficiosas.

MÉTODO 20

Desarrollar tu Diálogo Interno Positivo

Dado que anteriormente hablamos sobre abordar y superar tus patrones de pensamiento negativo, es justo que nos tomemos un tiempo para explorar cómo puedes promover el pensamiento positivo en tu vida. Hemos discutido procesos como la TCC que reconectan activamente tu cerebro para reducir el pensamiento negativo, por lo que esta es una introducción de otros consejos y estrategias que puedes usar a lo largo de tu vida diaria para mantener una mentalidad positiva y productiva.

¿Qué es el Diálogo Interno?

El diálogo interno es el término que describe la charla interna que tienes en tu mente. Esta es la voz en tu cabeza, tu corriente de pensamiento y conciencia. Si puedes entrenar este flujo de diálogo interno para que sea positivo, entonces te beneficiarás de muchas maneras, que incluyen:

- Mayor confianza

- Mayor autoestima

- Mayor motivación

- Mayor productividad

- Mejores relaciones

Cómo Entrenar tu Diálogo Interno para que Sea más Positivo

La mejor manera de pensar positivamente es notar tus pensamientos negativos y reformularlos conscientemente. Aquí hay unos ejemplos.

- Negativo: No puedo cambiar de opinión porque todos me odiarán.

- Positivo: Siempre tengo el control de mis decisiones y tengo derecho a cambiar de opinión.

- Negativo: Fui humillado por mi fracaso.

- Positivo: Estoy satisfecho conmigo mismo por intentar esta situación en primer lugar. Fue un gran paso para mí siquiera intentarlo.

- Negativo: Estoy fuera de forma y con sobrepeso. Probablemente sea mejor si ni siquiera me molesto en tratar de ser más saludable.

- Positivo: Soy capaz y fuerte, y quiero mejorar mi salud, aunque me lleve mucho tiempo hacerlo.

Cuando comiences, concéntrate en reconocer tus pensamientos negativos y luego reformúlalos en un lenguaje más positivo. Esto puede parecer simple, pero puede marcar una diferencia significativa, especialmente a largo plazo, cuando los patrones de pensamiento negativos pueden convertirse en una segunda naturaleza.

Además de esta estrategia y las demás discutidas en este libro, es recomendable que trates de rodearte de personas positivas y afines. Si estás rodeado de personas que constantemente se quejan y gimen, puede ser increíblemente difícil mantener una mentalidad positiva.

Método 21

Establecer Metas y Tener Aspiraciones

La vida es un viaje interesante, con muchas oportunidades y experiencias que son aleatorias, inesperadas y que cambian la vida por completo. Sin embargo, si bien es emocionante e inesperado, tener metas y un sentido de dirección es esencial cuando se trata de ser feliz y estar en paz. De acuerdo con la investigación moderna, tener metas y aspiraciones puede ser beneficioso de varias maneras, incluyendo:

- Sabes dónde gastar energía en tu vida

- Creas posibilidades de sentir satisfacción personal al completar metas.

- Te permite concentrarte, mantener la productividad y eliminar el pensamiento de la vida diaria.

- Te brinda una manera de crear límites y administrar tus expectativas.

- Te permite tomar decisiones claras.

Básicamente, puedes deambular por la vida sin saber realmente lo que estás haciendo, o puedes darte dirección y comprensión para seguir adelante. Imagina abordar un proyecto en el trabajo. Si no sabes lo que estás haciendo, perderás el tiempo tratando de averiguarlo.

En cambio, si divides tu proyecto en metas y objetivos, sabes exactamente a qué te diriges y qué se supone que debes hacer. Esto significa menos tiempo dedicado a pensar en lo que estás haciendo y más tiempo trabajando. Lo mismo se aplica a tu vida.

¿Qué es lo que quieres hacer? ¿Quieres hacer contenido en línea, crear videos de YouTube? ¿Quieres escribir libros? ¿Quieres iniciar un negocio o enfocarte en tu familia? ¿Quieres unas vacaciones, viajar por el mundo o un coche nuevo? ¿Tienes un trabajo soñado?

Sea lo que sea que quieras hacer, siempre es mejor concentrarse y tener un objetivo concreto en mente. Cuanto más claros sean tus objetivos, más sabrás lo que estás buscando. Esto significa más dirección y más enfoque en hacer las cosas. Cuantas más cosas hagas, más satisfecho y feliz estarás. ¿De verdad necesitas que te explique esto? Es el proceso de hacer tus sueños realidad.

Exploremos cómo puedes establecer objetivos que funcionen.

Desglosar los objetivos

Si tu objetivo es grande y aterrador, nunca lo lograrás por ser demasiado amplio e inmanejable. No puedes simplemente sentarte y esperar escribir un libro. Debes tomar tu objetivo y dividirlo en pasos manejables y alcanzables. De esta manera, serás mucho más productivo y estarás mucho más motivado porque estarás avanzando a pasos agigantados.

Por ejemplo, organizar una cena es una gran tarea. Sin embargo, dividirlo en pasos facilita.

- Elegir el menú.

- Decidir el código de vestimenta.

- Crear una lista de reproducción.

- Comprar bebidas.

- Enviar las invitaciones.

- Pensar en juegos para la fiesta.

Todas estas son tareas fáciles a las que puedes aplicar tu energía, en lugar de lidiar con el gigantesco concepto de organizar una buena fiesta. Al desglosar las cosas paso a paso y establecer metas manejables, puedes llegar a tu objetivo.

Sé Claro con tus Metas

El problema con la mayoría de las personas que establecen metas es que son demasiado amplias con sus descripciones y, por lo tanto, hace que sea mucho más difícil cumplirlas. En pocas palabras, si no sabes cuál es tu objetivo, ¿cómo vas a concretarlo? Puede que tengas una idea aproximada de qué se trata, pero si no lo tienes claro, terminarás por rendirte y dejarlo en el camino.

Tomando el ejemplo anterior, escribir un libro es un gran objetivo, pero no es muy claro ni preciso. Sin embargo, establecer el objetivo de escribir una página por día es un objetivo muy factible que es directo, alcanzable y fácil de seguir. Cuanto más simple sea la parte de establecer objetivos, más fácil será llevarlos a cabo.

Crea una Métrica Medible

El siguiente paso es idear una forma de medir tu éxito. Esta es una métrica o una acción que una vez lograda, pensarás, *sí, he hecho esta parte de la tarea*, garantizando la liberación de dopamina y aumentando tu motivación.

La métrica dependerá de lo que estés haciendo y de lo que estés tratando de lograr. Si estás escribiendo un libro, puedes establecer la meta de escribir 500 palabras por día o terminar de corregir dos páginas. Si estás haciendo ejercicio, puedes planear pasar una hora en el gimnasio, correr un kilómetro en cinco minutos o hacer una cierta cantidad de repeticiones.

Esto va de la mano con hacer que tus objetivos sean claros y precisos. Estás eliminando el pensamiento del proceso porque el 99% del tiempo, es el pensamiento excesivo lo que te impide hacer lo que quieres hacer. En lugar de pensar en lo que estás escribiendo, cuánto vas a hacer cuando sean tus descansos, etc., solo sabes que necesitas escribir X cantidad de palabras al final del día.

Eso es todo. Es fácil. Este enfoque te brinda todo lo que necesitas para actuar.

Los Objetivos Definen tus Acciones

Hablando de acción, cuando estableces metas, debes asegurarte de elegir el lenguaje correcto para describir la acción que vas a realizar. En los ejemplos que hemos discutido, puedes ver que el lenguaje que he usado es muy procesable, como escribir una página o hacer un número específico de repeticiones.

Lo que no es procesable es establecer una meta como: *Debo hacer ejercicio, debo comer sano, debo usar menos mi teléfono,* y así. Describe la acción y luego actúa. *Debo hacer ejercicio porque haré una carrera de una hora en el gimnasio tres veces por semana. Debo comer de manera saludable, contaré mis calorías y crearé planes de comidas semanales a los que me apegaré. Debería usar menos mi teléfono. Pondré un monitor de tiempo de pantalla en mi dispositivo y solo usaré mi teléfono durante dos horas, pero nunca una hora antes de irme a la cama.*

Repito este concepto para que puedas aplicarlo en cualquier área de tu vida, sin importar lo que estés haciendo. Cuanto más claros y concisos sean tus objetivos, más fácil será cumplirlos. Cuanto más precisa sea la acción descriptiva, más fácil la seguirá tu mente.

Haz que tus Objetivos Sean Desafiantes pero Alcanzables

Una consideración emocionante que debes hacer es qué tan difíciles son tus metas. Sé lo que estás pensando. Espera, me dijiste que hiciera mis metas simples y fáciles. Eso es cierto, la acción y los detalles del objetivo deben ser simples en esencia, pero para ser satisfactorios y gratificantes, deben ser algo desafiantes.

Por ejemplo, un objetivo de 200 palabras es una meta manejable, pero si pudieras escribir fácilmente 1000 palabras en una hora, una meta de 200 no es satisfactoria ni desafiante. Por otro lado, no querrás que tu objetivo sea tan desafiante que sea imposible, como escribir 2000 palabras por hora.

La ciencia ha demostrado que el punto óptimo tanto para la motivación como para la productividad es crear una meta que sea manejable pero solo con un empujón. Necesitas encontrar lo que puedes hacer cómodamente y luego apuntar un poco más lejos. Si puedes correr 10 km por hora, intenta hacerlo en 55 minutos como tu desafío. Si 55 minutos es un desafío, tratar de reducir la meta a 59 minutos es desafiante pero alcanzable.

De esta manera, salir de tu zona de confort y lograr lo que te has propuesto hacer se sentirá mucho más satisfactorio, ¡y eso te motivará aún más!

Fíjate Plazos

El elemento final del establecimiento de objetivos es crear plazos realistas para lograr tus objetivos. Esto está relacionado con hacer que tus objetivos sean alcanzables, pero agregar un poco de presión lo convierte en un desafío. Después de todo, escribir 2000 palabras de tu nueva novela puede ser una buena meta, pero tomarse un año para hacerlo no lo es.

Al igual que en la sección anterior, necesitas objetivos realistas que sean lo suficientemente desafiantes como para que te lleven al borde de tu zona de confort, ya que aquí es donde crecerás y te convertirás en una persona más capaz, motivada y productiva.

Puede tomar un poco de tiempo saber qué tipo de plazos funcionan para ti. A veces pueden ser demasiado desafiantes, pero todo esto es parte del proceso a medida que llegas a conocerte y a comprenderte.

Resumen del Establecimiento de Objetivos

Por ahora, esto debería ser suficiente para continuar con tu establecimiento de objetivos, e incorporar lo que has aprendido aquí debería ser suficiente para que veas mejoras significativas en tu capacidad para hacer las cosas. Esto conduce a ser más felices, a una mayor productividad y a una vida generalmente más satisfactoria. No importa lo que estés haciendo; estas reglas pueden ser aplicadas.

Si estás buscando más información sobre esto, busca cómo hacer y cumplir con los objetivos SMART, que es el método enormemente popular para establecer objetivos que ha ayudado a personas, organizaciones y empresas en todo el mundo.

MÉTODO 22

Enfócate Sólo en lo que Puedes Controlar…

Este es un tema interesante. Este libro, y casi todos los demás libros que he escrito y planeo escribir, se basan en estudios e investigaciones científicas, pero no podemos hablar sobre las ideas de felicidad y paz sin mirar el lado más filosófico de las cosas. La felicidad puede, hasta cierto punto, clasificarse en un espectro, y puedes medirlo, pero ciertamente hay elementos que no se pueden observar.

Por ejemplo, ¿cómo mides cuánto estrés estás experimentando debido a una situación que no puedes controlar? ¿Cómo observas el control que tienes de una situación? ¿Qué porcentaje de tu vida tienes bajo control? Todas estas son preguntas difíciles con respuestas difíciles, pero es increíblemente importante hablar de ellas porque tu perspectiva impacta directamente en tu felicidad.

Si has estado involucrado en un viaje de autoayuda, entonces has oído hablar del poder de dejar ir lo que no puedes controlar porque solo te hará sentir miserable. Si bien nos gusta sentir que tenemos el control, la verdad es que solo tienes control sobre una parte de tu vida, y ese es el control sobre las decisiones y elecciones que haces.

He aquí un ejemplo de lo que estoy hablando en forma de una serie de eventos:

- Estás en una relación.

- Empiezas a trabajar más horas.

- Tú y tu pareja empiezan a discutir.

- Tu pareja te engaña una noche.

- Lo hablas con tu pareja.

- Decides darle otra oportunidad a la relación.

- Terminas engañando a tu pareja.

- Te separas.

- Te vuelves a juntar.

- Te separas de nuevo.

¿Sobre qué etapas de esta experiencia de vida tienes control y sobre qué áreas no tienes control? La verdad es que tienes control sobre todo y nada. Sí, eso hace que las cosas sean muy confusas, pero este es el trato: solo tienes control sobre las decisiones que tomas. Si empezaste a trabajar más horas y tu pareja lo odiaba porque se sentía solo, no controlas los sentimientos de tu pareja.

Tu pareja podría irse, quedarse, buscar pasatiempos o trabajar en sus sentimientos para superar las emociones negativas. Puedes hablar con tu pareja sobre lo que está pasando y ofrecerle sugerencias, pero no puedes cambiar cómo se siente. Si decide seguir adelante con la relación, esa es su elección, independientemente de lo que digas o hagas.

Sin embargo, podrías optar por alejarte. Podrías elegir enojarte cuando tu pareja menciona sentirse solo, decir que estás cansado y dejarlo. Esa es una elección que podrías hacer. Este es un concepto que afecta cada parte de tu vida y te está haciendo sentir miserable.

No puedes controlar a otras personas o eventos externos, no importa cuánto quieras. Es la paradoja del control. La cuestión es que no serás verdaderamente feliz a menos que seas capaz de dejar ir lo que no puedes controlar, aprender a aceptar todo lo que te sucede y concentrarte en controlar lo que puedes controlar, es decir, tus perspectivas y decisiones.

El Arte de la Rendición

¿Por qué tratamos de controlar todo en nuestras vidas? Bueno, probablemente no tengas la intención consciente de hacerlo. El problema es que los seres humanos están ansiosos y temerosos, que es lo que hemos discutido a lo largo de este libro. Darnos cuenta de que somos simplemente pequeños seres en un planeta masivo que vuela por el espacio con experiencias y situaciones constantemente lanzadas desde todas las direcciones es francamente aterrador y puede causar una crisis existencial. ¿Cómo se supone que vas a encontrar significado y propósito en tal caos?

Si no tienes control sobre las cosas, todo se irá en espiral y no sabrás lo que sucederá. Por ejemplo, eliges tener el control al no tener una cita con alguien que te gusta porque tienes miedo de ser rechazado. Evitas correr el riesgo de ir a una cita porque puedes mantener el control y no lastimarte por lo desconocido. Ahora piensa en todas las demás áreas de tu vida en las que te reprimes, te enojas y te molestas cuando las cosas no salen como quieres o están en manos de otras personas, como alguien que obtiene el ascenso por el que estabas trabajando.

Es muy fácil sentirse amargado y estresado por tales decisiones, pero está completamente en tu poder ignorarlo aceptando que la promoción no estaba destinada a ser y enfocando tu atención en mejorar en otras áreas. Es a través de cambios de perspectiva como este que podrás encontrar paz y felicidad a lo largo de tu vida.

¿Cómo te rindes exactamente? Veamos algunos consejos que necesitas saber.

No Culpes a los Otros

Es muy fácil sentirse frustrado con las cosas que suceden en tu vida y luego culpar a los demás, pero como hemos discutido, las personas siempre van a hacer lo que van a hacer, y solo tienes control sobre tu perspectiva y reacciones. En otras palabras, debes dejar de culpar a los demás y, en cambio, concentrarte en ti mismo y en lo que puedes controlar.

Victimizarte por las cosas malas que te pasan no soluciona nada, pero perpetúa los patrones negativos de pensamiento excesivo que tienes porque te hace sentir fuera de control. Te sientes inútil e incapaz, esperando que alguien más llegue a tu vida para resolver tus problemas, lo que nunca es una buena solución a largo plazo.

Básicamente, depende de ti ser responsable de la felicidad y la paz en tu vida. Una vez que aceptas la responsabilidad y comienzas a hacer las cosas por ti mismo, puedes comenzar a vivir la vida que deseas, con pleno control de las cosas que puedes controlar. Las acciones de los demás no tienen nada que ver con eso. Tratar con la gente es solo otra parte esencial e ineludible de la vida.

Decidir Dejar Ir

Es más fácil decirlo que hacerlo, pero tomar la decisión consciente de dejar ir algo puede hacer mucho por tu estado mental y tu percepción. Es inspirador ponerse de pie y decir que vas a hacer algo, pero el verdadero poder está en hacerlo. Ya sea que trates de comenzar un nuevo hábito, dejar uno viejo, adoptar una nueva forma de vida o dejar ir a alguien cercano, se trata de dejar lo viejo y pasar a algo nuevo.

Si quieres hacer algún cambio en tu vida, pasarás por este período de transición de dejar ir algo y entrar en algo nuevo, y si quieres que funcione, debes tomártelo en serio. Por ejemplo, si estás dejando de fumar, estás abandonando tus malos hábitos y adoptando uno nuevo.

Cuando decidas qué quieres cambiar, anótalo, por ejemplo, *Ya no soy fumador. He decidido dejar de fumar. Entiendo que fumar es malo para mi salud y seré más feliz, saludable y mejor sin fumar.* Al escribir esta decisión, es más probable que sigas adelante con tus acciones porque estás haciendo que tu decisión sea real y tangible.

Coloca la nota en algún lugar donde la veas todos los días y motívate con el mensaje de que vas a dejar atrás el pasado y avanzar hacia un futuro nuevo y mejor. Esto es lo que realmente significa crecer como individuo.

Confía en el Proceso

Probablemente hayas oído hablar de una frase como esta o algo así

como *confiar en el viaje*. No hay duda de que este concepto es cierto. Es muy normal que un individuo tema lo que está por venir. Es ese sentido interno que nos dice que no tenemos el control de lo que sucederá y, debido a esta incertidumbre, nos asustamos. Después de todo, ¿y si es malo? Esta es la razón por la que tantas personas se quedan estancadas o se detienen a sí mismas de perseguir sus sueños. El riesgo potencial de fracaso es demasiado inmovilizador.

En su lugar, tómate un momento para pensar en las cosas malas que han sucedido en tu vida, especialmente aquellas que han estado fuera de tu control, y date cuenta de que estás aquí, habiendo llegado al otro lado y todo está bien. Tú hiciste eso. Lo hiciste. Incluso si estás pasando por momentos difíciles ahora, lo lograste antes, lo lograrás nuevamente, y estos malos tiempos no durarán para siempre.

Pasar por momentos difíciles te ayuda a apreciar y estar agradecido por las cosas que tienes y las partes de la vida que te hacen feliz. Conocí a un amigo que fue diagnosticado con cáncer, y mientras era terminal, me dijo un mes antes de fallecer que aunque fue una experiencia terrible y que no se la desearía a nadie, fue increíble de una manera surrealista porque le mostró lo que realmente importaba en la vida. Me dijo que las carreras, los autos, los televisores grandes y las vacaciones lujosas no le importaban. Con su esposa, amigos y familiares a su alrededor, descubrió que las conexiones que tenía con estas personas eran las cosas más hermosas.

Confía en tu viaje porque te enseñará todo lo que necesitas saber. Por mucho que parezca, no estás solo en tus experiencias, y puedes apostar que al menos otra persona ha pasado por algo similar. Ellos sobrevivieron. Tú también lo harás, y la mayoría de las veces, estarás en un mejor lugar.

En ese sentido, debemos reconocer que hay cosas en la vida que no puedes controlar y profundicemos en las áreas para encontrar la paz en tu vida cotidiana. Encontrar tu paz es un proceso, especialmente porque tienes pensamientos y sentimientos condicionados sobre el mundo y las personas. En lugar de sentirte presionado, juzgar el mundo o tratar de controlarlo todo, el próximo capítulo trata de encontrar la paz, el espacio en el que encontrarás la felicidad y la satisfacción en el mundo.

MÉTODO 23

...y Encuentra la Paz en Todo lo Demás

Encontrar el verdadero equilibrio, ¿no sería ese el sueño? Con tanto estrés, ansiedad y otros problemas relacionados que prevalecen en la vida moderna, probablemente te estés preguntando si es posible encontrar la paz. Quizás reservaste la idea de la paz real para algo que solo alguien como un buda iluminado podría obtener. Si bien algunos elementos de eso pueden o no ser ciertos, ciertamente hay formas en las que puedes introducir la paz en tu vida, y esto está relacionado con todo lo que hablamos en el último capítulo sobre cómo encontrar la paz con lo que puedes y no puedes controlar.

Ya hemos cubierto tantas cosas que podrías implementar para encontrar la paz en tu vida, especialmente cuando se trata de calmar tu mente que piensa demasiado, pero para cerrar bien las cosas antes de comenzar con algunos puntos más prácticos, vamos a resumir brevemente algunas de las formas más impactantes en las que puedes encontrar la paz en tu vida cotidiana.

Establece Límites

Si no tienes fronteras y límites contigo mismo en todas las áreas de tu vida, siempre estarás dividido entre opciones y tu vida será caótica. Esto podría limitarse a la cantidad de comida que comes o cuánto dinero gastas (también conocido como administrar tu presupuesto). Puede ser establecer límites sobre cuánto tiempo pasas con ciertas personas o cuánto tiempo pasas en las redes sociales.

Si no tienes tiempo para hacer algo, establece el límite de decir no. Si necesitas algo de tiempo para ti por cualquier motivo, sabes que esta es una prioridad que debes tomar. Sin establecer límites para guiarte, estarás estresado y la vida se sentirá caótica.

Reduce la Velocidad de tu Vida

Vivimos en un mundo acelerado. Publicas una foto y obtienes Me Gusta. Ordenas un nuevo producto y te llega al día siguiente. Le envías un mensaje de texto a alguien y te responde al instante. Todo está sucediendo, y está sucediendo ahora, y no es de extrañar que nos sintamos estresados. Sin embargo, incluso con tu jefe respirándote el cuello sobre la fecha límite de entrega del proyecto, puedes encontrar la tranquilidad absoluta y la paz de ser al ralentizar todo.

Esta vida diaria estresante y acelerada te obliga a acelerar y hacer las cosas más rápido, lo que te permite pasar a lo siguiente. Pero aquí es donde debes reducir la velocidad. Me refiero a esto literalmente. Reduce la velocidad y haz ciertas tareas en tu vida más despacio y con un propósito. En lugar de apresurarte para hacer todo lo más rápido posible, tómate un momento para detenerte y disfrutar de lo que estás haciendo, y esto puede aplicarse a tareas mundanas como doblar la ropa o conducir.

Esta es una de esas recomendaciones de resultados instantáneos.

Comienza por disminuir la velocidad de tu respiración. En lugar de apresurarte con estas palabras, tómate un momento para apreciar realmente el lenguaje y el hecho de que puedas leerlo y comprenderlo. Mira por la ventana o alrededor de la habitación y concéntrate en todos los detalles que quizás nunca notes.

Observa los colores y las áreas donde hay sombra. Nota el aire y los sonidos a tu alrededor. Tómate un momento para asimilarlo todo. Puedes sentirte tonto al principio, pero es mucho más pacífico y es una excelente manera de apreciar realmente tu vida y todo lo que hay en ella. Es la definición literal de detenerse a *oler las flores*. Detente para disfrutar de los detalles del mundo, sin importar cuán pequeño o en qué tipo de camino te encuentres.

Tener Algo de Tiempo para Escapar

Si siempre estás en movimiento y nunca tomas un respiro, ni tienes tiempo para ti mismo, te sentirás muy estresado. Lo que necesitas es algo de tiempo libre para hacer las cosas que disfrutas. Ya sea leer un libro, tocar un instrumento, ver tu programa favorito, dar un paseo o salir a tu jardín, tómate un tiempo para relajarte y desconectarte del estrés que enfrentas en tu vida diaria.

No puedes estar en movimiento todo el tiempo. Necesitas desconectarte y tomarte un descanso para recargar pilas y cuidar tu salud mental. No puedes acelerar un automóvil en rojo todo el tiempo porque destruirías el motor. La forma más eficiente para cuidar tu automóvil y prolongar su vida útil es ir lento y constante, y esto significa tomar descansos.

Lo ideal es que encuentres tiempo para ti. Puedes disfrutar de las redes sociales o llamar a un amigo y hacer algo juntos. Sin embargo, debes aprender a sentirte cómodo estando solo y pasando tiempo contigo mismo. Te ayudará a enfocarte para ser más productivo y conectado con otros aspectos de tu vida.

Paso a Paso

Algunas personas se enorgullecen de su capacidad para realizar múltiples tareas, y si bien hay un momento y un lugar para realizar múltiples tareas, no es la mejor manera de hacer las cosas. Piensa en los momentos de tu vida en los que estás ocupado y tienes un millón de cosas en tu lista de tareas pendientes. Tienes llamadas que hacer, correos electrónicos que contestar, niños que llevar a la escuela, plazos que cumplir, alimentos que comprar, comidas que cocinar, clases a las que asistir y más.

Cuando intentas hacer todas estas cosas, tu mente se siente agotada y abrumada. Es de donde viene el estrés. Para evitar que esto suceda y encontrar la paz, debes reducir la velocidad y tomar todo paso a paso. No digo que no debas pensar en algo cuando estás haciendo otra cosa, pero sé equilibrado con eso.

Cuando vayas a comprar alimentos, concéntrate en lo que estás haciendo y en el entorno en el que te encuentras. Un consejo fantástico es recordar siempre que habrá un mañana. Por supuesto, necesitas priorizar tu vida. No puedes recoger a tus hijos de la escuela mañana cuando debes hacerlo hoy, pero acostúmbrate a administrar el tiempo y espaciar lo que es importante. No tiene sentido preocuparte por el examen que tendrás la próxima semana si no vas a hacer nada al respecto ahora. Esto es lo que significa tomar el control de lo que puedes controlar.

Esta es una regla por la que me gusta vivir mi vida. Si no puedes o no quieres hacer nada al respecto ahora, entonces no vale la pena pensar en ello. Por ejemplo, tengo algo que escribir. No me voy a preocupar por eso hasta que llegue el momento de sentarme y escribir. Eso no quiere decir que no tenga ideas mientras tanto y, por supuesto, las escribiré si se me ocurren, pero para la mayor parte de la tarea, dedicaré mi tiempo y energía en el momento adecuado.

Por ahora, esto debería ser suficiente material de reflexión cuando se trata de encontrar la paz en tu vida, y combinando todo lo que has aprendido en el capítulo anterior, deberías ser capaz de dejar ir todo lo que no puedes controlar y captar lo que puedes. Es una cuestión de perspectiva, e incluso leer este capítulo debería ser suficiente para hacerte pensar en tu vida cotidiana.

Hay una forma increíblemente poderosa en la que puedes cambiar tu manera de pensar para traer alegría, paz, felicidad y satisfacción a tu vida, y esto es tomando un momento para pensar en tu vida de una manera nueva.

MÉTODO 24

Descubriendo las Alegrías de la Gratitud

Habla con cualquiera que haya cambiado su vida de alguna manera y escucharás la misma historia. Si bien los detalles pueden diferir, en algún momento expresarán gratitud por algo o alguien en su vida que los ayudó a llegar tan lejos. Esto es lo que todos hacen cuando aceptan premios y agradecen a las personas en su vida que los ayudaron a llegar allí. Este es un acto de reconocer a los demás y mostrar gratitud.

Probablemente hayas oído hablar de la gratitud, y no, no es solo la propina que le das a tu mesero. La gratitud es una práctica que puedes implementar en tu vida diaria, asegurándote activamente de que estás prestando atención a quién y qué te rodea, y estás agradecido por ello en tu vida. Como afirma Ferris Bullier en la exitosa película para adolescentes Un Experto en Diversión:

"La vida se mueve bastante rápido. Si no te detienes y miras a tu alrededor de vez en cuando, podrías perdértela".

Esto no es un ataque, pero muchos de nosotros vamos por la vida sin apreciar lo que tenemos. En muchos aspectos, ni siquiera es culpa nuestra, ya que vivimos en un mundo en el que estamos condicionados a perseguir siempre algo. Nos dicen que nunca seremos felices hasta que tengamos el teléfono nuevo, el auto nuevo, esas vacaciones especiales o esa ropa de moda. Nos dicen que tenemos que hacer esto o comprar esto, y terminamos deseando todo lo que no tenemos en lugar de estar agradecidos y felices con lo que tenemos.

Esta es la base misma de practicar la gratitud. Se trata de tomarse un momento para ser feliz con lo que tienes en lugar de desear más. Claro, es fácil quedar atrapado al compararse con otras personas. Puedes compararte con celebridades en un momento y desear tener acceso a todas las cosas increíbles que tienen, pero luego podrías compararte con personas que viven en países del tercer mundo en la pobreza para darte cuenta de que no lo tienes tan mal.

Si bien este tipo de pensamiento puede ser revelador, es mucho más beneficioso no compararse con otras personas, sino concentrarse en ti mismo y en cómo te sientes contigo mismo. En mi propia vida, centrarme en mí mismo y tomarme el tiempo para estar agradecido por lo que tenía y las experiencias por las que estaba pasando, en lugar de compararme constantemente con los demás y lo que tenían, hizo que mi felicidad aumentara lentamente. Estaba feliz por las pequeñas cosas y noté conscientemente que mis ansias por cosas nuevas comenzaron a desvanecerse.

Me tomó un tiempo, e incluso ahora, sé que mis hábitos no son perfectos. Constantemente me encuentro en Instagram o Facebook, y veo un nuevo teléfono o simplemente algún dispositivo al azar que no hace mucho, pero me encuentro deseando tenerlo. Miro mi viejo teléfono y pienso, *desearía tener uno nuevo con una mejor cámara para poder tomar buenas fotos*. Afortunadamente, gracias a mis hábitos y prácticas, puedo atraparme en el acto y recordarme que estas no son cosas que realmente necesito. Claro, si necesito un teléfono nuevo y quiero uno bueno por las funciones que ofrece, eso no significa que me lo negaré. Simplemente significa que estoy tomando esa decisión con conciencia y atención plena.

Independientemente, a través de prueba y error, leyendo mucha investigación y escuchando muchas opiniones de expertos a lo largo de los años, logré desarrollar mis propias prácticas y mentalidades que me han ayudado a estar agradecido. Antes de pasar a las prácticas, aquí hay un resumen muy rápido de los beneficios científicos que la gratitud puede traer a tu vida.

Los Beneficios de Ser Agradecido

Los beneficios de la gratitud se han estudiado e investigado sin cesar durante las últimas décadas, y los resultados siempre han sido los mismos y reclaman el mismo o al menos un mensaje similar. La gratitud es muy buena para ti y puede hacer maravillas tanto para tu salud mental como física.

Por ejemplo, un estudio de 2004 y 2017 encontró que la gratitud no solo aumenta tu sensación general de bienestar y felicidad, sino que también puede hacer maravillas en tu sistema inmunológico y puede ayudarte activamente a combatir enfermedades y dolencias. El estudio de 2017 demostró específicamente que la gratitud podría reducir activamente el riesgo de insuficiencia cardíaca.

Las prácticas de gratitud pueden mejorar tu salud mental. Un estudio de 2003 encontró que la gratitud puede ayudar a mejorar tu estado de ánimo general, mientras que un estudio de 2020 encontró que las prácticas regulares de gratitud ayudaron a reducir los síntomas de ansiedad y depresión. Estos beneficios impactan cada aspecto de tu vida, más notablemente tus relaciones. Un estudio mostró que una pareja puede demostrar gratitud por algo que su pareja ha dicho o hecho y que esto mejoró los niveles generales de satisfacción de la relación y la felicidad general en menos de 24 horas.

Por supuesto, todos estos tienen un beneficio principal en común, que es el núcleo de esta parte del libro. Ser agradecido y practicar la gratitud te hace feliz. Incluso si no eres la persona más optimista del mundo, se ha demostrado que practicar la gratitud ayuda a cultivar una perspectiva optimista, lo que te permite cosechar los beneficios que conlleva este tipo de mentalidad.

Cómo Traer Gratitud a tu Vida

¿Cómo puedes practicar el agradecimiento en tu propia vida? Es fácil pensar en todo con gratitud. Mientras lees esto, fácilmente podrías pensar, *oh sí, estoy agradecido por mi casa y mi auto y mi familia. Estoy agradecido de tener un trabajo y comida en las alacenas, etc.,* pero cuando ves a alguien comprando un auto nuevo, y te hace querer uno, y te sientes triste porque no lo tienes, es entonces cuando realmente quieres que tus prácticas de gratitud entren en acción.

Al igual que todo lo demás de lo que hemos hablado en este libro, experimentarás estos beneficios cuando comiences a hacer de la gratitud una parte regular y habitual de tu vida. Esto significa practicarlo todos los días hasta el punto en que ni siquiera necesites pensar en estar agradecido durante los momentos en que lo necesites, simplemente sucede de forma natural. Son las acciones las que pueden llevarte al siguiente punto.

Sé Agradecido por Todo

Es fácil caer en el hábito de estar agradecido solo por las cosas importantes de la vida. Esto podría ser la presencia de una persona, una semana de vacaciones, un techo sobre tu cabeza, un premio de lotería o una celebración como una boda o un cumpleaños. Practicar la gratitud durante estos tiempos es fácil porque todos la sienten.

Sin embargo, para cosechar los beneficios, querrás comenzar a estar agradecido por todo lo que puedes estar agradecido. Esto significa prestar atención a las cosas que suceden en tu vida y tus experiencias minuto a minuto y estar agradecido por ellas. Esto podría ser algo simple como disfrutar de la salida del sol o incluso la quietud que puede traer un día lluvioso.

Tal vez recibiste un mensaje de texto o una carta de alguien que te importa, o simplemente tuviste un buen día en general. Tal vez el día fue promedio, pero no pasó nada malo, así que puedes estar agradecido por esto. Realmente no importa lo que suceda o por lo que estés pasando; adquiere el hábito de recordarte a ti mismo que debes estar agradecido. Incluso en mi camino a tomar mi café de la mañana, me encontré con un perro que saltó hacia mí y me dio la más amigable lamida. Estaba tan agradecida por una experiencia tan feliz y pasé el resto del día con una sonrisa en la cara.

Sé Agradecido por los Tiempos Difíciles

Como ya hemos discutido, es fácil estar agradecido durante los buenos tiempos pero fácil olvidar durante los tiempos difíciles. Si quieres ser verdaderamente agradecido y feliz en tu vida, aprende a ser agradecido por las dificultades, obstáculos y desafíos que encuentras en tu vida diaria. Los desafíos son importantes porque te enseñan grandes lecciones y te brindan oportunidades para convertirte y crecer en la mejor versión de ti mismo.

Sin estos desafíos, estarías estancado y siempre serías la misma persona. Nunca crecerías, y cuando surja una dificultad, vas a luchar tanto porque no sabrás cómo lidiar con ella, ya que no habrías aprendido la lección.

Incluso si no estás pasando por nada ahora, tómate un momento para pensar en todos los momentos difíciles y las dificultades por las que ha pasado en tu vida, y cuántas lecciones has aprendido en el camino, y cómo estas experiencias le han dado forma a la persona que eres hoy. Es posible que te aferres a algo de amargura o resentimiento por las cosas por las que has pasado, pero aprender a estar agradecido por ellas te ayudará a dejarlas ir y seguir adelante.

Mantén un Diario de Gratitud

Sí, volvemos con otro apartado que te pide que lleves un diario sobre tu vida. Sin embargo, ya debes saber que escribir sobre tu vida te ayuda a comprender lo importante que es para ti. Escribir tus pensamientos convierte tus pensamientos de ser sólo pensamientos en un medio real y un objeto tangible, y los mismos beneficios se aplican a la gratitud.

Tómate un momento para escribir todas las cosas por las que estás agradecido a lo largo del día. Podrías hacer esto al final del día o cuando sucedan las cosas por las que estás agradecido. No importa; lo único que importa es que lo hagas. El acto de escribir no solo ayuda a cimentar tu gratitud, sino que también te ayuda a desarrollar tus habilidades para detectar más cosas por las que estar agradecido.

Debido a que estás buscando cosas para escribir, serás mucho más observador de las pequeñas cosas que suceden que te hacen feliz y que de otro modo no hubieses notado.

Comparte tu Gratitud con los Demás

Una de mis citas favoritas de la popular película Hacia Rutas Salvajes es del personaje principal Chris, que deja su cómoda y moderna vida para vivir de la tierra en la naturaleza. Sin embargo, sus últimas palabras, garabateadas en su diario después de comer bayas venenosas, fueron: "La felicidad solo es real cuando se comparte". Esta cita se me quedó grabada desde la primera vez que vi la película basada en la vida real.

Cuando se trata de felicidad, sacarás el máximo provecho de tus emociones cuando las compartas con otras personas. Es por eso que cuando vas a un concierto para ver a una banda, y el ambiente es nada menos que eufórico, toda la experiencia se siente increíble. Son momentos como este cuando las personas tienen algunos de los mejores y más memorables momentos de sus vidas.

Es porque estás en una situación en la que compartes las mismas experiencias con personas, aunque sean extraños, y todos están agradecidos de estar en un entorno tan bueno, que la atmósfera general se vuelve eléctrica. Puedes usar esta misma lógica en tu vida diaria.

Comparte tus experiencias y gratitud con los demás, y verás que es contagioso. Por ejemplo, imagina que estás acampando con amigos y te levantas temprano para ver el amanecer más hermoso. Cuando exclamas lo hermoso y asombroso que parece el amanecer y todos los demás están de acuerdo, estás compartiendo tu gratitud por el momento y todos los demás también lo sienten. Este cóctel de conexión y gratitud puede ser la fuente de tanta felicidad.

No tienes que esperar por momentos como ese. Incluso si estás en el trabajo y tienes una buena semana, compartir tu gratitud por ser parte de un gran equipo o algo simple como compartir el almuerzo con alguien en tu descanso puede ser una fuente de felicidad.

Para resumir, observa lo que sucede en tu vida. Esto puede parecer mucho en este momento, pero si has estado siguiendo e implementando las cosas que has aprendido en este libro, tu mente debería sentirse más tranquila. Como piensas menos en exceso y ya no te consumen pensamientos y sentimientos, puedes usar el espacio creado en tus pensamientos para concentrarte en la gratitud y la felicidad.

Solo recuerda, aprender e implementar todos estos consejos y estrategias puede llevar tiempo, así que aprende a ser paciente contigo mismo y observa cómo crecen los beneficios.

MÉTODO 25

El Simple Acto de Organizar tu Día

Este es quizás un título de capítulo interesante, pero es una práctica esencial que literalmente cambió mi vida. Pasé mis días despertándome y luego luchando por encontrar mi equilibrio, lo que estaba haciendo y de qué se trataría el día. Como ya hemos discutido, esta forma desorganizada y caótica de vivir la vida me estaba causando una gran cantidad de estrés y ansiedad que me llevó a pensar demasiado.

Luego aprendí sobre las rutinas matutinas. La forma en que transitas tu mañana es muy importante porque literalmente te prepara para el resto de tu día. Si tienes un mal comienzo en la mañana, es decir, te despiertas en el lado equivocado de la cama, entonces el resto de tu día también puede arruinarse, o al menos puede llevar una gran cantidad de energía para cambiar las cosas.

Por otro lado, si te tomas el tiempo para organizar tus mañanas y hacer que te sirvan, entonces puedes prepararte para un día productivo, satisfactorio y tranquilo. Hace años, me despertaba unos veinte minutos antes de irme al trabajo. No desayunaba y pasaba la mayor parte del día con hambre. Estaba cansado, estresado y distraído, y los días eran borrosos, dejándome exhausto y sin ganas de nada.

Sin embargo, cambiar mi rutina matutina y crear hábitos saludables me dio productividad y propósito. Me permitió tener estructura y significado. Sabía exactamente lo que estaba haciendo y cuándo tenía que hacerlo, lo que significaba que no había estrés. Solo tenía que seguir la rutina, lo que me permitió concentrar mi energía en enfrentar los desafíos del día, ya sea que se tratara de un proyecto creativo en el trabajo, o lo que fuera que tenía que hacer.

Por supuesto, los beneficios de tener una rutina matutina están bien investigados y documentados a fondo. Hay estudios que prueban que las rutinas matutinas brindan los siguientes beneficios:

- Incremento en la productividad.

- Menores niveles de estrés.

- Mejor memoria.

- Más conexión en las relaciones.

- Niveles de energía más altos.

- La habilidad de crear hábitos saludables.

- Mejor estado de ánimo.

- Más sensación de control en tu vida.

Exploremos algunas de las mejores maneras de introducir una rutina matutina en tu vida.

Cómo Prepararse para un Gran Día

Este es el proceso que desarrollé, modifiqué y cambié a lo largo de los años, pero es lo que funciona para mí. Puedes seguir mi enfoque o puedes modificarlo para crear el tuyo propio. Recuerda, se trata de descubrir qué funciona para ti.

Me levanto temprano, generalmente configuro mi alarma para las 6 am. Algunas personas comenzarán a las 7 y otras a las cinco. Esto está determinado por tu preferencia personal. Seis es un término medio excelente para mí. Los comienzos tempranos son excelentes porque son una oportunidad de tener más tiempo para hacer todo. Si te levantas tarde y vas apurado porque tienes que salir al trabajo y no tienes tiempo, todo es estresante. Levántate temprano y podrás tomar las cosas a un ritmo mucho más pausado y tranquilo, lo que te permitirá entrar en calor durante el día y encontrar el equilibrio.

Haz tu Cama

Hacer la cama como una de las primeras cosas que haces al despertar lo cambia todo, y por muchas razones. Es un acto simple, pero antes de que hayas salido de tu habitación, ya has logrado una tarea. Ahora, en tu mente, ya te has preparado para un hermoso día en el que tu habitación se ve hermosa y ordenada; por lo tanto, tu mente está ordenada y te has puesto en un estado mental en el que estás haciendo cosas.

Sé su propia prueba. Cuando te despiertes mañana por la mañana, haz tu cama. Toma menos de dos minutos y verás el efecto positivo que tendrá en tu día.

Desarrolla una Rutina Estándar

Después de hacer tu cama, es hora de pasar a los siguientes aspectos de tu rutina matutina, y esto puede ser lo que quieras que sea. Sin embargo, independientemente de las acciones que elijas, debes asegurarte de elegir una que te beneficie. He intentado implementar una práctica de yoga, leer, tomar un café por la mañana al aire libre mientras leo las noticias, meditar, escribir un diario y salir a correr, entre otras actividades.

¿Qué es lo que quieres hacer? ¿Quieres aprender un idioma? Quizás te levantes, sirvas café y comiences tu sesión de Duolingo. Si quieres estar saludable, sal a correr o al menos a caminar antes de hacer cualquier otra cosa. Si quieres ser más organizado, empieza por escribir una lista de cosas por hacer o limpia tu casa y pon todo en orden.

Siempre es mejor comenzar con las cosas que debes hacer, como cepillarte los dientes, ducharte y lavarte la cara. Luego agrega los extras que desees mientras te aseguras de tener tiempo para hacer todo. Si te levantas a las seis y tienes que irte al trabajo a las ocho y media, adapta tus actividades a esas dos horas y media. Planifica y organízate para que sepas lo que estás haciendo y cuándo. Cuanto más pienses en tu mañana, más harás y podrás apegarte a tus nuevas rutinas.

Bebe un Vaso de Agua

Imagina pasar una jornada de ocho horas y no beber un solo trago, ni siquiera un vaso de agua. Bueno, si duermes lo suficiente todas las noches, esto es exactamente por lo que tu cuerpo está pasando todas las noches. Claro, estás descansando, pero tu cuerpo aún se deshidrata, por lo que es esencial que tomar un trago sea una de las primeras cosas que hagas cada mañana tan pronto como te despiertes.

Esto ayuda a que tu cuerpo se despierte, te hidrata y proporciona otros beneficios como mejorar tus procesos digestivos y ayuda a tu cuerpo a filtrar las toxinas. Haz tu vida más fácil dejando un vaso de agua al lado de tu cama, para que sea fácilmente accesible en el momento en que te despiertes.

Come Algo Saludable

Finalmente, deseas continuar con tus hábitos saludables asegurándote de beber y comer de manera saludable. Es fácil optar por algo fácil por la mañana cuando no tienes tiempo y todavía estás cansado, pero cuando te levantas temprano, tienes tiempo para esforzarte más en lo que estás comiendo.

Cuando solía salir corriendo al trabajo, compraba algo en una cafetería, que generalmente era grasoso y no era ideal para mi salud o peso, especialmente cuando lo comía todos los días. Después de adoptar una rutina matutina, pude controlar mi dieta y mejorar mi salud en general.

Para resumir, tener una rutina matutina puede cambiar todo para ti, y es otra forma en que puedes controlar lo que sucede en tu vida y ser proactivo para convertirte en una mejor versión de ti mismo. Todos los estudios e investigaciones indican que esta es una de las mejores decisiones que puedes tomar en tu vida para convertirte en la mejor versión de ti mismo, ¡así que pruébalo!

MÉTODO 26

Crear Hábitos que Cuidarán de Ti

Continuando con el último capítulo, aunque trabajar en una rutina matutina hará maravillas en tu vida y puede mejorar drásticamente tu paz y felicidad en general, no es la única área de tu vida en la que puedes mejorar. Tus hábitos y elecciones de estilo de vida afectan cada parte de tu vida, y dado que tus acciones y decisiones son las principales cosas que puedes controlar, esta es un área en la que tendrás que pensar.

De esto trata este capítulo. Estamos hablando del autocuidado, el autodesarrollo y las prácticas habituales comprobadas que puedes hacer para cuidarte a ti mismo. Si te cuidas a ti mismo y te muestras el amor y la atención adecuados, te sentirás lo mejor posible cuando te enfrentes a cualquier situación o experiencia. ¡Esta es la manera de convertirte en la mejor versión de ti mismo!

Sal Afuera

Como humanos, nos conectamos con la naturaleza de una manera surrealista e instintiva, pero gracias al mundo moderno, es fácil encontrarnos más desconectados que nunca de ella. ¿Alguna vez te has preguntado por qué ponemos fondos de pantalla de paisajes como fondos para nuestros teléfonos y computadoras? Es ese anhelo interno que tenemos de estar en y alrededor de la naturaleza. De hecho, la ciencia ha demostrado muchas veces que serás mucho más feliz si pasas al menos un poco de tiempo en la naturaleza cuando puedas.

La ciencia muestra que estar en la naturaleza puede hacerte más feliz, más pacífico y libera endorfinas, e incluso puede aumentar tus niveles de creatividad. Comienza de manera simple y visita un espacio verde. Incluso si vas a dar un paseo rápido a tu parque local, esto es suficiente para sentir los beneficios. Incluso podrías intentar hacer ejercicio al aire libre o pasar algún tiempo leyendo bajo el sol.

Hagas lo que hagas, y cómo gastes tu tiempo, el truco es tratar de acostumbrarte a la práctica diaria de pasar al menos media hora en la naturaleza donde puedas.

Disfruta de Algo Hermoso Todos los Días

La vida es mundana a menos que pongas activamente las cosas que disfrutas frente a ti. Quizás sorprendentemente, uno de los cambios más grandes y significativos que hice en mi vida fue pasar tiempo escuchando una canción que disfrutaba todos los días y no hacer nada más. Ya sea que estuviera de pie en mi habitación, sentado en el sofá o caminando al trabajo, escuchaba cualquier canción que me hiciera feliz en ese momento y al instante sentía que la sonrisa aparecía en mi rostro.

Sea lo que sea que disfrutes, ya sea música o un creador de YouTube, o cualquier otra cosa que te haga sonreír, asegúrate de tomarte un tiempo todos los días para disfrutarlo. Claro, lo que amas puede cambiar de un día a otro o de un mes a otro, pero es ese acto de decir *amo esto, así que pase lo que pase, me permitiré disfrutar* lo que te hará feliz. Este es el proceso de literalmente darte amor propio y volverte más feliz gracias a ello.

Disfruta de tus Desahogos

A veces, no va a importar qué tan consciente seas, qué tan en control de tus decisiones te hayas vuelto o qué tan pacífico te hayas encontrado en tu vida cotidiana. A veces, el mundo puede sacar lo peor de ti, y te encontrarás en un lugar donde necesitas desahogarte. Este es quizás el punto que has estado esperando, porque sí, a veces necesitas darte un capricho para volver a encarrilarte.

Si bien hay formas más saludables de lidiar con las cosas además de comer y mirar televisión en exceso, salir de noche o incluso algo tan simple como decir palabrotas, a veces solo necesitas hacerlo para sacarlo de tu sistema y sentirse mejor. Si estás en un punto de tu vida en el que necesitas dejar pasar algo o necesitas un día libre, hazlo. Eres un ser humano, no una máquina.

Tus hábitos y cuidarte a ti mismo son importantes, pero eso no significa que debas sentirte miserable en el proceso. Si necesitas salir y comer una pizza entera solo, hazlo. Sin embargo, el truco aquí es asegurarte de hacerlo de tal manera que mantengas el control. Esto significa levantarse, quitarse el polvo y volver al caballo del hábito lo más rápido posible.

Perdónate por tener que hacer lo que tienes que hacer, no te castigues por eso y sigue adelante.

Conecta con Alguien

La conexión humana lo es todo, y disfrutar de esas conexiones seguramente te hará sentir feliz y completo. La conexión es uno de los mejores consejos de autoayuda que puedes seguir. Afortunadamente, incluso si eres introvertido o no tienes muchas personas en tu vida, el truco es hacer lo que puedas y hacer lo que te funcione.

Ten en cuenta que el contacto físico es una gran parte de la conexión. Se ha demostrado repetidamente que todo, desde un abrazo hasta las relaciones sexuales, proporcionan muchos beneficios físicos y de salud mental que te harán mucho bien. Por supuesto, estas no son opciones en todas las situaciones, pero sin duda vale la pena pensar en ellas.

Vete de Viaje

No hay duda de que los viajes son buenos para el alma, por lo que si no has ido a ningún lado por un tiempo, lo cual es casi seguro el caso de la mayoría de las personas desde que golpeó la pandemia de COVID-19, entonces podría ser hora de ver algunas paredes diferentes y explorar lugares nuevos haciendo un viaje. Es muy recomendable salir de tu ciudad al menos una vez al año, especialmente si estás visitando una nueva cultura porque podrás crear recuerdos con tu familia o amigos, someterte a nuevas perspectivas y divertirte.

Además, afortunadamente la ciencia respalda esta noción. Los estudios demuestran que irse de viaje puede ayudar a mejorar y restaurar tus niveles generales de concentración, aumentar la creatividad, reducir el riesgo de enfermedades cardíacas y mucho más. Si has estado buscando una excusa para escaparte, esta es la tuya.

La vida puede ser dura. Es difícil para todos en diferentes etapas, pero eso no significa que no se pueda disfrutar de la vida. No puedes tener el bien sin el mal, la luz sin la oscuridad, y ni siquiera sabrías cuándo la vida es buena sin tener que compararlos con los momentos más difíciles. Si todo fuera bueno, entonces la vida sería normal y corriente.

Estos pequeños hábitos que hemos discutido se reducen a un punto central: ser amable contigo mismo. El problema con el estrés, la ansiedad y el pensar demasiado es que aprendes a odiarte a ti mismo. Odias que tu mente no se calle y no te deje ser. Puedes sentirte amargado y resentido porque nunca eres feliz mientras que el resto del mundo parece disfrutar de la vida, y es por eso que muchos de nosotros caemos en hábitos poco saludables como no dormir, fumar, beber, tomar drogas, etc.

Da un paso atrás y aprende a ser amable contigo mismo, o al menos intenta hacer cosas e involucrarte en actividades que te permitan ser amable contigo mismo. Como cualquier otra habilidad en la vida, puede tomar tiempo y un poco de práctica, pero pronto comenzarás a ver los resultados.

MÉTODO 27

Vivir Verdaderamente en el Momento

Y aquí estamos: el capítulo final de este libro. A estas alturas, has aprendido casi todo lo que necesitas saber cuando se trata de convertirte en la mejor versión de ti mismo, o al menos en la versión de ti mismo que seguirá creciendo sin importar lo que pase. Sin embargo, hay una consideración importante que debes tener en cuenta: el viejo dicho del que has oído hablar pero que tal vez no te hayas dado cuenta de su importancia hasta ahora.

Este es el acto de vivir el momento.

Cuando piensas en vivir el momento, ¿qué te viene a la mente? ¿Piensas en las personas que se lanzan desde acantilados o buscan otras descargas de adrenalina o en las personas que se lanzan porque creen que todos vivimos solo una vez? Vivir el momento parece tener este tipo de mentalidad asociada, pero si bien esta idea de vivir el momento está cerca, es el mensaje completo.

Cuando estás en un estado de pensamiento excesivo, estrés o ansiedad, tu cabeza no está en el momento. Estás lamentando o pensando demasiado en algo que sucedió o anticipando el futuro. De cualquier manera, tu mente no está aquí. Piensa en cuándo estás teniendo un ataque de pánico y usas el método 5,4,3,2,1. Estás haciendo lo que puedes para traer tu mente de vuelta al momento presente.

Esto es lo que significa vivir verdaderamente el momento. Es estar completamente libre de pensar demasiado. Tal vez por eso la gente asocia la frase con vivir al límite. Es porque estás en el momento y no estás pensando en las consecuencias, ni te preocupas por el futuro o lo que la gente piense. Simplemente estás allí, prosperando con puro instinto y felicidad y siguiendo la corriente.

Afortunadamente, en realidad no hay ninguna acción nueva que debas tomar o técnicas que debas aprender que no se hayan discutido en este libro. Ya sea meditando, cambiando tu mentalidad y perspectiva, tomando el control de tus decisiones o cuidando de ti mismo, cada técnica de este libro te ayudará a estar un paso más cerca de poder vivir el momento.

Sin embargo, si quieres algo para llevarte de este capítulo, y de hecho creo que es una excelente manera de terminar y cerrar este libro, es esto.

No eres tus pensamientos. Eres el observador de tus pensamientos. Eres tu conciencia. Tu mente no es más que una herramienta, al igual que tus manos y pies son herramientas. Tu mente es simplemente una herramienta compleja que tiene como objetivo resolver problemas y mantenerte con vida. No eres tu pasado, ni eres tu futuro.

Tú eres tú. El único tú que ha existido. Nunca no has estado en el momento presente. Nunca viviste el ayer ni el mañana, sino siempre el ahora. Puede que esto no tenga mucho sentido, y puede parecer un concepto abstracto en este momento, pero permítete procesar esas palabras. Aplica las lecciones a tu vida. La próxima vez que te sorprendas pensando demasiado, sintiéndote asustado o triste, inseguro de lo que estás haciendo o ansioso por algún gran evento de la vida, recuerda, estos son solo pensamientos.

Ellos no son tú. Eres simplemente un ser que experimenta esos pensamientos.

Pensamientos Finales

Uf. Esa fue una gran cantidad de información, pero aquí estamos al final del viaje. Bueno, el final de esta parte del viaje, pero con la información que has aprendido a lo largo de los capítulos anteriores, es seguro decir que realmente tu viaje apenas comienza. Por última vez, solo porque es muy importante recordarlo, diré que este tipo de viaje de autodesarrollo lleva tiempo.

Se necesita tiempo para averiguar lo que funciona para ti. Se necesita tiempo para dejar atrás el pasado y las viejas formas de pensar. Se necesita tiempo para aceptar y acostumbrarse a las versiones nuevas y crecientes de uno mismo, y se necesita tiempo para que se formen nuevos hábitos y dejar que se asienten. Sé amable contigo y confía en el proceso. Tu viaje, sin importar a dónde vayas y lo que hagas, estará lleno de altibajos. Ese es solo el flujo natural de la vida.

Perdónate. Vas a cometer errores y vas a recaer de vez en cuando. Cometerás errores y aprenderás de ellos. Está bien. No hay necesidad de apresurarse, y no hay necesidad de entrar en pánico. Estás progresando cada vez que das un paso. A veces parece que retrocedes, pero no es así. Todo va a estar bien.

Ahora ve y sé la mejor versión de ti mismo, y recuerda, el mundo no te debe nada, y nadie hará nada por ti. Depende de ti hacer el cambio, pero afortunadamente, ya tienes todo lo que necesitarás aquí y ahora. Solo tienes que dar ese primer paso.

Espero que hayas disfrutado leyendo este libro, y que haya al menos algunos aspectos de los que hayas aprendido algo nuevo. Entiendo que algunas de las lecciones son las que ya has escuchado antes, pero con suerte, algunas son nuevas y puedes aplicarlas a tu propia vida, o al menos dejar que actúen como recordatorios de lo que debes hacer.

Disfruté enormemente escribiendo este libro, ya que actuó como un resumen de los últimos años de mi vida y todas las lecciones que aprendí y me dio la oportunidad de pensar en qué otras áreas necesitaba trabajar. Lo que es más importante, me permitió ejercitarme como escritor y me ayudó a caminar por el lugar que me da mayor propósito. Me gustaría aprovechar este momento para decir que si sientes que este libro te ha aportado algo, me encantaría saber de ti. Puedes hacer esto dejándome una reseña de donde sea que hayas obtenido la copia. Positivo o negativo, quiero escuchar lo que tienes que decir para poder continuar mi camino y convertirme en el mejor escritor y persona que pueda ser.

Con eso, espero tener noticias tuyas pronto y te veré en el próximo libro. Ahora ve a dar ese primer paso.

Agradecimientos

Antes de que te vayas, solo quería darte las gracias por comprar mi libro.

Hay muchos libros sobre el mismo tema, pero te arriesgaste y elegiste este.

Entonces, gracias por elegirme y por leer este libro hasta el final.

Ahora, quería pedirte un pequeño favor. **¿Podrías considerar publicar una reseña del libro? Las reseñas son la forma más fácil de apoyar a un autor independiente como yo.**

Tus comentarios me ayudarán a continuar creando libros que te ayudarán a lograr los resultados que deseas. Entonces, si te gustó, por favor házmelo saber.

Referencias

Año. 2021. *Here's How Happy Americans Are Right Now.* [online] Available at: <https://time.com/4871720/how-happy-are-americans/> [Acceso 11 de agosto 2021].

Nami.org. 2021. *Mental Health By the Numbers | NAMI: National Alliance on Mental Illness.* [online] Available at: <https://nami.org/mhstats> [Acceso 11 de agosto 2021].

KERA News. 2021. *How Overthinking Can Affect Mental And Physical Health.* [online] Disponible en: <https://www.keranews.org/health-science-tech/2019-07-12/how-overthinking-can-affect-mental-and-physical-health> [Acceso 11 de agosto 2021].

Urmc.rochester.edu. 2021. *5-4-3-2-1 Coping Technique for Anxiety.* [online] Disponible en: <https://www.urmc.rochester.edu/behavioral-health-partners/bhp-blog/april-2018/5-4-3-2-1-coping-technique-for-anxiety.aspx> [Acceso 11 de agosto 2021].

Jennie Marie Battistin, L. and Jennie Marie Battistin, L., 2021. *5,4,3,2,1 Method to Reduce Anxiety — Hope Therapy Center.* [online] Hope Therapy Center. Disponible en: <https://www.hope-therapy-center.com/single-post/2016/04/06/54321-method-to-reduce-anxiety> [Acceso 11 de agosto 2021].

Digitalcommons.odu.edu. 2021. [online] Diponible en: <https://digitalcommons.odu.edu/cgi/viewcontent.cgi?article=1054&context=chs_pubs> [Acceso 11 de agosto 2021].

Citeseerx.ist.psu.edu. 2021. *Download Limit Exceeded.* [online] Disponible en: <http://citeseerx.ist.psu.edu/viewdoc/download?doi=10.1.1.913.3731&rep=rep1&type=pdf> [Acceso 11 de agosto 2021].

Uofmhealth.org. 2021. *Stress Management: Breathing Exercises for Relaxation | Michigan Medicine.* [online] Disponible en: <https://www.uofmhealth.org/health-library/uz2255> [Acceso 11 de agosto 2021].

Adaa.org. 2021. *Facts & Statistics | Anxiety and Depression Association of America, ADAA.* [online] Disponible en: <https://adaa.org/understanding-anxiety/facts-statistics> [Acceso 11 de agosto 2021].

Uofmhealth.org. 2021. *Stress Management: Doing Progressive Muscle Relaxation | Michigan Medicine.* [online] Disponible en: <https://www.uofmhealth.org/health-library/uz2225> [Acceso 11 de agosto 2021].

WebMD. 2021. *Progressive Muscle Relaxation for Stress and Insomnia.* [online] Disponible en: <https://www.webmd.com/sleep-disorders/muscle-relaxation-for-stress-insomnia> [Acceso 11 de agosto 2021].

Sleepfoundation.org. 2021. *Sleep Statistics - Facts and Data About Sleep 2020 | Sleep Foundation.* [online] Disponible en: <https://www.sleepfoundation.org/how-sleep-works/sleep-facts-statistics> [Acceso 11 de agosto 2021].

Medbroadcast.com. 2021. *Lifestyle tips for managing anxiety - Mental Health - MedBroadcast.com.* [online] Disponible en: <https://www.medbroadcast.com/channel/mental-health/treating-anxiety/lifestyle-tips-for-managing-anxiety> [Acceso 11 de agosto 2021].

Schulze, A., 2021. *5 Easy Steps to Changing Your Thinking Using Cognitive Behavioral Therapy (CBT).* [online] Groffandassociates.com. Disponible en: <https://groffandassociates.com/2017/10/12/5-easy-steps-to-changing-your-thinking-using-cognitive-behavioral-therapy-cbt/> [Acceso 11 de agosto 2021].

Hall, J., 2021. *10 Ways To Help Others That Will Lead You To Success.* [online] Forbes. Disponible en: <https://www.forbes.com/sites/johnhall/2013/05/26/10-ways-to-help-others-that-will-lead-you-to-success/?sh=1ca04942bce8> [Acceso 11 de agosto 2021].

Healthline. 2021. *Positive Self-Talk: Benefits and Techniques.* [online] Disponible en: <https://www.healthline.com/health/positive-self-talk#examples-of-positive-self--talk> [Acceso 11 de agosto 2021].

Let Go of Control: How to Learn the Art of Surrender. (2015, 27 de marzo). Tiny Buddha. https://tinybuddha.com/blog/let-go-of-control-how-to-learn-the-art-of-surrender/

Free Yourself By "Letting Go" of What You Can't Control. (2011, 10 de julio). You Have a Calling. https://youhaveacalling.com/emotional-health/free-yourself-by-letting-go-of-what-you-cant-control

How to Learn to Let Go of What You Can't Control. (2019, 8 de octubre). Lifehack. https://www.lifehack.org/847748/learn-to-let-go

Redwine, L. S., Henry, B. L., Pung, M. A., Wilson, K., Chinh, K., Knight, B., Jain, S., Rutledge, T., Greenberg, B., Maisel, A., & Mills, P. J. (2016). Pilot Randomized Study of a Gratitude Journaling Intervention on Heart Rate Variability and Inflammatory Biomarkers in Patients With Stage B Heart Failure. *Psychosomatic Medicine, 78*(6), 667–676. https://doi.org/10.1097/psy.0000000000000316

Cregg, D. R., & Cheavens, J. S. (2020). Gratitude Interventions: Effective Self-help? A Meta-analysis of the Impact on Symptoms of Depression and Anxiety. *Journal of Happiness Studies.* https://doi.org/10.1007/s10902-020-00236-6

Cregg, D. R., & Cheavens, J. S. (2020). Gratitude Interventions: Effective Self-help? A Meta-analysis of the Impact on Symptoms of Depression and Anxiety. *Journal of Happiness Studies.* https://doi.org/10.1007/s10902-020-00236-6

APA PsycNet. (n.d.). Psycnet.apa.org. Consultado el 11 de agosto, 2021, en https://psycnet.apa.org/record/2010-10257-015

Salces-Cubero, I. M., Ramírez-Fernández, E., & Ortega-Martínez, A. R. (2018). Strengths in older adults: differential effect of savoring, gratitude and optimism on well-being. *Aging & Mental Health, 23*(8), 1017–1024. https://doi.org/10.1080/13607863.2018.1471585

Marelisa. (2015, 22 de enero). *Nine Morning Habits to Start the Day Right.* Daringtolivefully.com. https://daringtolivefully.com/morning-habits

Suttie, J. (2016, 2 de marzo). *How Nature Can Make You Kinder, Happier, and More Creative.* Greater Good. https://greatergood.berkeley.edu/article/item/how_nature_makes_you_kinder_happier_more_creative